LVH

Margot Käßmann / Ralph Ludwig

95 × Reformation

Ein kleines ABC

LVH

© Lutherisches Verlagshaus, Hannover 2016

Gestaltung und Satz:
Farnschläder & Mahlstedt, Hamburg
Umschlagfoto Margot Käßmann: © Julia Baumgart
Umschlagfoto Ralph Ludwig: © Daniel Hermann
Lektorat: Elke Rutzenhöfer
Druck und Bindung: CPI Clausen & Bosse, Leck
ISBN 978-3-7859-1196-9

Inhalt

Vorwort

Reformation ist mehr als Martin Luthers Offensive gegen den Ablass. Sie bezeichnet ein umfassendes Geschehen, das sich in vielfältiger Weise und durch unterschiedliche Personen zu Beginn des 16. Jahrhunderts vollzog. Es beginnt schon mit Jan Hus, ja John Wyclif mehr als einhundert Jahre vor dem »Thesenanschlag zu Wittenberg«, und es umfasst viele Personen von Luther über Melanchthon über Katharina von Bora und Argula von Grumbach bis zu Johannes Calvin und Ulrich Zwingli. Luthers »reformatorische Entdeckung«, dass der Mensch seine Verfehlungen im Leben nicht durch Geldzahlungen an die Kirche ausgleichen könne, sondern Gottes Zuwendung aus Liebe sein Leben rechtfertigt, entwickelte sich über Jahre in einem Prozess des theologischen Erkennens und der inhaltlichen Auseinandersetzung mit der kirchlichen Realität und den biblischen Texten. Der neuzeitliche Mensch emanzipierte sich in der Aufbruchsstimmung dieser Jahrzehnte von der allumfassenden Autorität der Kirche, so urteilen Profanhistoriker. Selber Denken kommt, salopp gesagt, in Mode. Und genau das macht Reformation aktuell bis heute.

Dieses Kleine ABC will die Leserin und den Leser erfreuen und ihnen nützen. An 95 Beispielen – selbstverständlich ist die Zahl nicht zufällig – wollen wir zeigen, wie sich die Welt und ihre Begriffe in der Reformationszeit ändern. Neben kurzen, leicht verständlichen Erklärungen sollen Martin Luther und weitere Reformatorinnen und Reformatoren zu Wort kommen. Die Herausforderung für uns lautete, auf möglichst nicht mehr als zwei Seiten ein Thema kurz und knapp zu umreißen – vielleicht als Appetitanreger für vertiefte Lektüre an anderen Orten.

Die Auswahl der Stichwörter ist in der Tat subjektiv. Aus unserer Erfahrung und Kenntnis heraus haben wir zentrale Begriffe der Reformationszeit aufgenommen wie beispielsweise Ablass, Fegefeuer oder Teufel. Dazu hat uns der Alltag der Reformatoren interessiert, was sich an Stichwörtern wie Beruf, Pfarrfrau oder Sexualität zeigt. Und wir wollten aus der zeitlichen Distanz zeigen, wie manche Veränderung historisch einzuordnen ist – dafür stehen Stichwörter wie Selbstbilder, Weltbilder, aber auch schreibende Frauen.

Eine Reformationsgeschichte kann und will dieses Buch nicht sein. Aber es möge Lust machen, in die spannende Welt im Übergang vom Mittelalter zur Neuzeit einzutauchen, und die eine oder andere Anregung mitnehmen, der nachzuforschen sich lohnt. Selber Denken macht schließlich auch heutzutage Herausforderung und Freude.

I. Abendmahl

Anfang Oktober 1529. Die hessische Stadt Marburg wird zum Schauplatz eines denkwürdigen Streites. Dort treffen zwei Richtungen der Reformation aufeinander: die lutherische, vertreten durch Luther und einige Theologen aus Wittenberg, und die reformierte, sie vertritt der Zürcher Reformator Ulrich Zwingli und der Baseler Theologe Johannes Oekolampad. Über viele Punkte des Glaubens einigt man sich rasch. Doch beim Abendmahl ist es aus mit der Harmonie. Was geschieht da wirklich? Brot und Wein, darüber sind die Theologen sich klar, würde sich niemals real in Blut und Leib Christi verwandeln, wie es die Kirche bislang lehrte. Weshalb den »Laien« der Kelch bei der Eucharistie ja auch verweigert wird.

Luther ist fest überzeugt, dass Christus als Leib, also körperlich zugegen sei. Diese »fleischliche« Gegenwart bestreiten Zwingli und Oekolampad. Ihnen scheint es klar, dass Christus »geistlich« anwesend sei. Beide Parteien führen Bibelstellen an, doch einigen können sie sich nicht. Luther soll trotzig mit Kreide auf den Tisch geschrieben haben: »Das ist mein Leib.« Dem Argument, man müsse diesen Satz als Bild, also symbolisch verstehen, verschließt Luther sich. Auch dem Argument, Jesus habe ja auch gesagt »Ich bin der Weinstock« und habe das nicht körperlich, sondern im übertragenen Sinn gemeint, also symbolisch, kann er nicht zustimmen.

Unversöhnt gehen die Parteien damals auseinander. Damit spaltet sich der Protestantismus für Jahrhunderte, es gibt zwei evangelische Konfessionen: die reformierte und die lutherische. Immer wieder versuchten Theologen beider Seiten die Differenzen zu klären. Doch erst im Jahr 1973 überwinden die beiden protestantischen Kirchen die Trennung. In der sogenannten Leuenberger Konkordie einigen sich die reformierten, unierten und lutherischen Theologen auf die Formel: »Im Abendmahl schenkt sich der auferstandene Jesus Christus in seinem für alle dahingegebenen Leib und Blut durch sein verheißendes Wort mit Brot und Wein. So gibt er sich selbst vorbehaltlos allen, die Brot und Wein empfangen; der Glaube empfängt das Mahl zum Heil, der Unglaube zum Gericht.« Wie genau man sich die Gegenwart Christi vorzustellen habe, bleibt dem Glauben des Einzelnen überlassen: »Ein Interesse an der Art der Gegenwart Christi im Abendmahl, das von dieser Handlung absieht, läuft Gefahr, den Sinn des Abendmahls zu verdunkeln.«

2. Ablass

Der Protest gegen den sogenannten Ablass löst nach dem Urteil vieler Historiker die Rebellion Luthers gegen die traditionelle Kirchenlehre aus. In 95 Thesen geißelt Luther die gängige Praxis vieler Wanderprediger, die, autorisiert von den deutschen Bischöfen, mit der Botschaft durch die Städte und Dörfer ziehen, man könne sich von zeitlichen Sündenstrafen befreien, indem man vorgefertigte Beichtbriefe kaufe.

Mit dem Kauf dieser Beichtbriefe erwerbe man nicht eine allgemeine Sündenvergebung. Vielmehr gehe es darum, die sogenannten »zeitlichen Sündenstrafen« zu ersetzen, die von Priestern nach der Beichte für einzelne Vergehen als Bußübungen verhängt wurden, etwa Gebete oder andere fromme Taten. Der Handel war schlicht: Man konnte die Dauer der Seelenreinigung im Fegefeuer verkürzen, indem man Geld spendete. Der besondere Reiz war: Man konnte den Ablass auch für die Seelen bereits Verstorbener erwerben.

Der Handel mit Ablassbriefen (Wenn der Pfennig im Kasten klingt, die Seele in den Himmel schwingt, wandelte der Volksmund einen Slogan des bekannten Ablasspredigers Johannes Tetzel ab) kam Anfang des 16. Jahrhunderts in Schwung. Der geschäftsmäßige Handel mit Ablassbriefen war in der Tat ein krasser Missbrauch der Buße, die zur kirchlichen Lehre von der Vergebung der Sünden gehörte.

Luther lehnte in den Thesen einen Ablass nicht grundsätzlich ab. In der 71. These verteidigt er ihn sogar: Wer wider die Wahrheit des apostolischen Ablasses redet, der sei ... vermaledeit. Aber es war zu spüren, dass er mehr als nur den Missbrauch ablehnte – auch für romtreue Theologen. So geißelte der römische Theologe Silvester Mazzolini die 95 Thesen Luthers schon ein halbes Jahr nach deren Erscheinen als Ketzerei, sie würden die Autorität der Kirche und des Papstes bestreiten. Es waren nicht die Thesen selbst, die den Aufruhr gegen den päpstlichen Ablasshandel zu einem Fanal machten – erst die Diskussion darüber entzündete den Streit, der schließlich zur Spaltung der Kirche führte. Den missbräuchlichen Handel mit Ablassbriefen hat die »altgläubige« Kirche wenig später selbst verboten, im Jahr 1562 verurteilte die Universität in Paris den Ablasshandel als unchristlich. Aber da war es schon zu spät für eine gütliche Einigung, die Trennung war vollzogen.

3. Anfechtung

Wer Christ ist, scheint zur Zeit Luthers zweifellos geklärt: Wer regelmäßig zur Messe geht, beichtet und sich möglichst anständig verhält, rettet seine Seele. Der sichere Weg zum Heil. Die Kirche hatte sich organisiert, sie richtete ihre Heimat auf Erden ein, machte sich breit und schacherte sich reich. Diese Kritik an der Kirche teilten zur Zeit Luthers viele. Konnte es wirklich so sein, dass diejenigen der ewigen Seligkeit gewiss sein konnten, die sich der »Heilsmittel« der Kirche regelmäßig bedienten?

Nein, protestierte Luther, er spitzte die allgemeine Kritik an der Selbstsicherheit der Kirchenchristen zu. Der Glaube an Gott kann nicht der Selbstsicherheit eines Menschen dienen, er wird missbraucht, wenn er Mittel zur Selbstberuhigung wird. Glaube ist nie ein unerschütterlicher Besitz, eine Quelle, aus der stets und mit Gewissheit Trost und Freude fließen. Die Beziehung zu Gott ist nur dann lebendig, wenn ein Mensch damit nicht »fertig« ist. In einer Auslegung des Galaterbriefes schärft Luther den Studenten den Unterschied zwischen Selbstsicherheit und Gewissheit ein:

Die Seligkeit ist gewiss; aber ungewiss und ein Gegenstand der Sorge ist es, ob der Christ sie bestehe und behält – da muss man in Furcht wandeln. Denn dieser Glaube pocht nicht auf das Tun oder die eigene Person, sondern allein auf Gott und seine Gnade. Diese wird ihn auch nicht verlassen, während der Zweifel nagt.

Luther ist sich sicher: Wenn der Glaube allein am Wort Gottes »hängt« – muss er dieses Wort immer wieder neu ergreifen. Das Wort Gottes aber bleibt immer dessen Wort, er kann nie zum Besitz werden. Darum stürzen Glaubende immer wieder in Zweifel, sie geraten in Anfechtung. Sie hat Luther selbst immer wieder durchstehen müssen. In einem Brief an einen Freund, der ihn um Hilfe in seelischer Not bittet, bekennt Luther: *Ich habe auch oft die Krankheit gelitten, dass ich meinte, es wäre weder Gott noch Christus für mich da, und es wunderte mich, wie mir das passieren konnte, da ich dessen doch so sicher war wie meines eigenen Lebens. Gott versucht uns also, aber er verlässt uns nicht. Das ist besser als Schlimmeres, da wir ja doch leiden müssen. Hiermit befehl ich Euch Christus, der Euch schwach macht in Eurer eigenen Kraft, auf dass er Euch stärke in seiner Kraft. Amen.*

4. Angst

Die Angst mich zu verzweifeln trieb, dass nichts denn Sterben bei mir blieb. In einem Liedvers beschreibt Luther eine Grunderfahrung: Lebensangst als »Krankheit zum Tode«. Man hat oft versucht, die Angst Luthers lediglich als »Gewissensangst«, als Empfinden eines übersteigerten, skrupulösen Schuldbewusstseins zu sehen, die ihn schließlich zur Frage drängt: *Wie kriege ich einen gnädigen Gott?* Die Botschaft von der Gnade Gottes habe ihn schließlich aus dieser Angst erlöst. Ein Kurzschluss. Zwar hat die Angst ihn ins Kloster getrieben, zudem habe eine strenge Erziehung ihn ängstlich gemacht, wie er selbst sagt. Doch hat gerade diese Erfahrung seinen Blick für einen offensichtlichen Skandal geschärft: Die Kirche macht mit der Angst der Menschen ein Geschäft. Sie fügt den natürlichen Ängsten neue hinzu und errichtet eine Drohkulisse mit Fegefeuer, Hölle und einem strafenden Gott. Dagegen protestiert er energisch: Wer Angst religiös instrumentalisiert, verkehrt die christliche Botschaft in ihr Gegenteil.

Angst hat ihren eigenen Raum und ihr eigenes Recht – auch und gerade im Glauben. Man braucht nur die Psalmen zu lesen – *mein liebstes Buch,* wie Luther einmal bemerkt. Da klagen Menschen über Not, Elend, Hunger, Verfolgung, Einsamkeit und Verlassenheit, sogar über die Sinnlosigkeit des Daseins: Das wird vor Gott ausgesprochen.

Die Kirche sollte nach Luther den Ängsten einen geschützten Raum bieten – der beste Weg, mit den Ängsten leben zu lernen. Zwar wirkt der Glaube an Gott nicht wie eine Schluckimpfung gegen Ängste, aber er nimmt den Ängsten ihre Schärfe und Endgültigkeit. Die Seele bleibt verletzlich, aber sie kann das Gottvertrauen gegen ihre Ängste setzen. Dieses Vertrauen behält doch das letzte Wort, schreibt Luther im Großen Katechismus. *Ein Gott heißt das, zu dem man sich alles Guten versehen und zu dem man in allen Nöten Zuflucht haben soll.* Und dann setzt Luther hinzu, dass Nöte auch eine Art väterlicher Fürsorge sein können – das nimmt den natürlichen Ängsten ihre Aussichtslosigkeit:

Wenn wir in Not und Fährlichkeiten (Gefahr) kommen, die uns auch Gott tut und gibt, so sollen wir daran spüren und sehen sein väterliches Herz und seine über-schwängliche Liebe zu uns.

5. Augustinus

Im Januar 1517 spielt sich in der Universität Wittenberg ein scheinbar nebensächliches Streitgespräch ab. Es sollte folgenreich werden. Ein junger Theologe, dessen Name heute nicht mehr festzustellen ist, wendet sich in einer Diskussion im Namen des großen Kirchenvaters Augustinus gegen die Lehre der spätmittelalterlichen Theologie, der Mensch könne aus eigener Vernunft und Kraft die Gebote Gottes erfüllen. Luther unterstützt den jungen Mann in der öffentlich geführten Diskussion gegen dessen Doktorvater und Kollegen Andreas Karlstadt. Augustinus habe vollkommen Recht. Doch sei es falsch zu behaupten, die wahre Absicht Gottes mit den Geboten sei es, die Menschen ihrer Unfähigkeit zu überführen, die Gebote zu erfüllen. Immerhin aber stehe fest: Augustin war überzeugt, dass es dem Menschen unmöglich sei, Gottes Gebote zu erfüllen.

Karlstadt bestritt das heftig. Seine Zweifel waren auch nach dem Ende der Diskussion nicht ausgeräumt. Er beschaffte sich in Leipzig die Werke Augustins und entdeckte, dass der junge Mönch und Luther Recht hatten. Luther atmete auf. Nicht nur, dass er Recht bekam. Sondern weil ihm klar wurde, dass er mit seiner Überzeugung nicht allein dastand, sondern einen der großen Kirchenlehrer auf seiner Seite hatte. Der Fund bestärkte ihn in der Überzeugung, dass er kein Neuerer sei, sondern nur die alte reine katholische Lehre neu vertrete.

Luther hat seine »reformatorische Erkenntnis« der Gerechtigkeit Gottes in der Erinnerung später mit Augustinus verbunden. *Ich las in Augustins Schrift »Über den Geist und den Buchstaben«. In ihr bin ich wider Erwarten darauf gestoßen, dass auch er die Gerechtigkeit Gottes ähnlich erklärt: als die, mit der Gott uns bekleidet, indem er uns rechtfertigt. Und obwohl dies noch unvollkommen gesagt ist und in Bezug auf die Zurechnung der Gerechtigkeit nicht klar alles erläutert, gefiel es mir doch, dass dort als Gerechtigkeit Gottes die gelehrt wird, durch die wir gerechtfertigt werden.*

Nebenbei gesagt: Der Disput führte dazu, dass Augustinus und Luther nun als die angesagten Theologen an der Universität Wittenberg galten. Karlstadt schrieb an einen Freund: »Unsere Theologie und St. Augustin prosperieren und herrschen jetzt an unserer Universität. Niemand kann mehr auf Zuhörer rechnen, wenn er nicht über die Bibel oder Augustin liest.«

6. Bauernkriege

Luthers Lehre vom allgemeinen Priestertum der Gläubigen barg soziale Sprengkraft. Sie besagte zugleich, der »gemeine Mann« könne das Evangelium besser verstehen als Papst, Bischöfe und Professoren. Sie wertete den frommen Bauern auf, sowohl theologisch als auch gesellschaftlich. Eine revolutionäre Botschaft in einer Zeit, in der die Unterdrückten immer offener gegen Fronherren und Klöster protestierten. Ihnen erschien Luther wie der Prophet einer neuen, gerechteren Zeit. Verkündete er nicht, dass das Evangelium nicht nur Richtschnur für das ewige Heil war, sondern auch den »einfachen Leuten« das Recht einräumte, sich gegen feudales Unrecht und die Leibeigenschaft zu wehren? In den weitverbreiteten, aus Oberdeutschland stammenden »Zwölf Artikeln« leiteten die Bauern ihre Forderungen nach Freiheit aus dem Evangelium ab und belegten sie mit biblischen Zitaten.

Luther gerät in Erklärungsnot. Einerseits muss er einräumen, dass die Fürsten und Herren an den Unruhen mitschuldig seien. Unterdrückten sie doch das Evangelium und schindeten den gemeinen Mann. Gott selbst sei es, der die Herren durch die Bauern strafe. Andererseits verurteilt Luther die Aufruhr als unerlaubte Selbstjustiz. Die Bauern würden sich gegen ihre rechtmäßige Obrigkeit auflehnen. Ein echtes Dilemma. Luther appelliert an den Adel, die unhaltbaren Zustände zu ändern. Die revolutionierenden Bauern wiederum waren seinem Urteil nach im Irrtum, sie missbrauchten die christliche Freiheit für weltliche Zwecke und schadeten so dem Evangelium.

Als blutige Aufstände – vor allem unter der Führung von Thomas Müntzer in Thüringen – beginnen, verschärft Luthers Sprache sich zusehends. Er ruft die Obrigkeiten auf, in aller Schärfe und mit Waffengewalt gegen die Aufrührer vorzugehen. Das Argument, in Gottes Schöpfung seien alle Güter gemeinsam und in der Taufe alle Menschen gleich, lässt er nicht gelten. Das Evangelium fordert Gehorsam, und die Taufe macht nicht den Leib und das Gut, sondern nur die Seele frei. Deshalb sollten die Fürsten mit aller Gewalt gegen die Aufrührer vorgehen – wer im Kampf gegen die Bauern fällt, ist ein Märtyrer. Die Härte, mit der Luther den Aufstand geißelt, ist schon zu seiner Zeit auf Unverständnis gestoßen. Den Ausgang der Bauernkriege hat seine Sicht nicht beeinflusst. Luther war, was die Ungerechtigkeiten in der Feudalgesellschaft angeht, sicher nicht modern. Zwar verurteilte er soziale Härten und Ungerechtigkeiten, doch Dienste und Fronarbeit hielt er grundsätzlich für berechtigt.

7. Beichte

Luther hat die Beichte sehr geschätzt, er selbst hat oft gebeichtet, manchmal sogar täglich, und hat lebenslang die Beichte sogar empfohlen. Allerdings hat er den Beichtzwang verworfen. Die Beichte kann nur freiwillig sein, und es geht nicht mehr darum, die Sünden möglichst genau aufzuzählen und daraufhin vom Priester die Absolution zu empfangen. Das würde *den Gewissen eine Schlinge überwerfen ... und in eine große Marter werfen*, da ja niemand wissen kann, *wenn er rein genug gebeichtet oder wann das Beichten einmal ein Ende haben soll.* Entscheidend ist weder das Bekenntnis des Beichtenden noch das Wort des Priesters, das die Vergebung der Schuld ankündigt. Es ist einzig und allein der Glaube des Beichtenden an die Vergebung.

Denn Gott sieht nicht an, wie gut du gebeichtet hast, sondern darauf, wie du an sein Wort (der Vergebung) glaubst.

Luther gibt der Beichte einen neuen, anderen Sinn. Er löst sie aus dem mittelalterlich überlieferten kirchlichen Bußwesen heraus, sie wird vom Sakrament zur seelsorgerlichen Aufgabe eines Pfarrers. Der soll das Gewissen beruhigen, den Menschen trösten und beraten. Aber das entscheidende Element muss der Beichtende selbst leisten: den Glauben an die Vergebung Gottes. Es kommt Luther auf das Herz eines Menschen an, das sich in der Beichte von der Last befreit, die es am schwersten drückt. Wenn eine Kirche die Vergebung aller Sünden durch Jesus verkündet, muss sie diese Vergebung auch persönlich zusprechen können.

Die sogenannte Ohrenbeichte mit der persönlichen Zusage der Vergebung wurde in der Reformationszeit und auch danach noch lange beibehalten – erst im 17. Jahrhundert hat ein allgemeines Sündenbekenntnis im Gottesdienst und in der Feier des Abendmahls die private Beichte langsam abgelöst. In neuerer Zeit bemüht sich die evangelische Kirche, die private Beichte wegen ihrer persönlichen Zuwendung wieder populär zu machen. Luthers Urteil bleibt gültig: *Drei Dinge gilt es bei der Buße zu unterscheiden: das erste ist die Absolution, das sind die Worte* des Priesters (nach der Beichte), die zeigen, sagen und verkünden dir, du bist freigesprochen und deine Sünden sind dir von Gott vergeben. *Das zweite ist die Gnade, die Vergebung der Sünden, der Friede und der Trost des Gewissens … Das dritte ist der Glaube, der fest darauf vertraut, dass die Absolution und das Wort des Priesters wahr ist in der Kraft der Worte Christi. An diesem Glauben liegt es.*

8. Beruf

Die spätmittelalterliche Theologie, in die Luther hinein-wuchs, war überzeugt, dass die geistliche Berufung zu einem gottgefälligen Leben führe und darum jedem weltlichen Beruf überlegen war. Aber konnte sich dieses Privileg auf die Bibel berufen? »Nein!«, ist seine Antwort, zu einem gottgefälligen Leben ist jeder Mensch in jeder Tätigkeit berufen. Das zeige schon allein ein kurzer Blick auf Paulus, der an die Gemeinde in Korinth schrieb: »Ein jeglicher bleibe in dem Ruf, darinnen er berufen ist. Bist du als Knecht berufen, sorge dich nicht … Denn wer als Knecht berufen ist in dem Herrn, der ist ein Befreiter.« Provozierend spitzt Luther diese Aussage zu, die stubenkehrende Magd, der verrußte Schmied, die Hausfrau und sogar der windelwaschende Mann verrichteten mit ihrem Werk einen Gottesdienst. Alles, was Menschen in ihren Ständen (Kirche, Wirtschaft, Politik) tun, ist *eitel Heiligtum und heiliges Leben vor Gott; weil solche drei Stände in Gottes Wort und Gebot gefasst sind.*

Heinz Schilling, ein Biograf Luthers, widerspricht der Meinung, Luther habe mit der Abwertung des geistlichen Standes zur Entchristlichung oder Säkularisierung der Gesellschaft beigetragen. Vielmehr integriere sein Verständnis vom »Beruf« das Religiöse in die scheinbar nur weltliche Sphäre alltäglicher Arbeit. Jeder treu und redlich erbrachte Dienst ist gottgefällig. Es gehe Luther um die »Welthaftigkeit der Religion«.

In der Tat sind Menschen jeden Standes und Berufs für Luther gleichwertig, ein Fürst steht vor Gott auf der gleichen Stufe wie eine Magd. Manche mögen aus dieser Ansicht die These ableiten, Luther habe sozialrevolutionäre Gedanken im Gewand eines Theologen entwickelt. Das aber sei ein grobes Missverständnis, damals wie heute. Darum hat Luther sich von den aufständischen Bauern, aber auch von revolutionären Führern wie Thomas Müntzer distanziert, die Gottes Reich auf Erden errichten wollten. Die mittelalterliche Ständeordnung hat Luther nicht angetastet. Wohl aber hat er ein neues Berufsethos populär gemacht: Gott hat jeden Menschen zu dem berufen, was er alltäglich in seinem Beruf tut. Dieses »lutherische Berufsethos« hat das Wirtschaftsleben und das Berufsverständnis nachhaltig geprägt: Fleiß und Disziplin galten fortan als gottgefällig, als ein Gottesdienst im Alltag der Welt.

9. Beten

Die regelmäßigen Stundengebete prägten das Klosterleben. Darum erschien Luther das Beten schon in jungen Jahren als selbstverständlicher Ausdruck persönlicher Frömmigkeit. Wie andere Theologen seiner Zeit kritisiert er aber das *gedankenlose Plappern und Plärren* in vielen Kirchen, stößt sich an den verweltlichten Sitten bei Prozessionen. Beten ist für ihn eine ernste Arbeit:

> *Keine Arbeit ist so schwer wie das Beten. Murmeln mit dem Mund ist leicht oder jedenfalls als leicht angesehen. Aber ihm mit Herzensernst Wort für Wort folgen in gründlicher Andacht, das heißt begierig und gläubig, so dass man es ernstlich begehrt, was die Worte enthalten, und nicht daran zweifelt, das ist eine große Tat vor Gottes Augen.*

Im Laufe der Jahre beschreibt Luther unterschiedliche Arten des Betens. Selbstverständlich gibt es Seufzer und Hilferufe, die aus tiefstem Herzen kommen. Doch Beten ist für ihn, das lehren die Psalmen, nicht allein das laute oder gedachte Gespräch mit Gott: *Mit Gebet wird auch nicht allein das mündliche Gebet verstanden, sondern alles, was die Seele in Gottes Wort schafft: zu hören, zu reden, zu dichten, zu betrachten usw. Denn gar viele Psalmen werden im Gebet gesprochen, darinnen doch kaum drei Verse etwas bitten; die anderen sagen und lehren etwas, strafen Sünde, reden mit Gott, mit sich selbst und mit den Leuten.*

Es gibt für ihn aber noch eine ganz andere, neue Art des Betens. Darauf weist der Theologe Pierre Bühler hin. Er zitiert die Empfehlung Luthers, ein Christ müsse beten lernen. Was gelernt werden muss, zeigt beispielhaft ein Brief, den Luther an einen Gefangenen schreibt. Unter dem Titel *Eine einfältige Weise zu beten, für einen Freund* hält Luther fest: Es geht beim Beten um das Nachdenken und Nachsprechen dessen, was Inhalt des Glaubens ist. Luther rät, die einzelnen Bitten des Vaterunsers zu meditieren. Beten lernen und Glauben lernen sind für Luther gleichbedeutend. Das gilt für das private Gebet wie auch für das öffentliche Gebet im Gottesdienst. Die enge Verwandtschaft von Beten und Glauben beschreibt Luther so: *Beten ist allein des Glaubens Werk. Was ist der Glaube anderes als eitel Gebet? Denn er versieht sich göttlicher Gnaden ohne Unterlass. Versieht er sich aber ihrer, so begehrt er ihrer von ganzem Herzen. Und das Begehren ist eigentlich das rechte Gebet.*

10. Bibel

Die Bibel war für Martin Luther von entscheidender Bedeutung. Schließlich gewann er seine reformatorische Erkenntnis aus der Bibellektüre. Für seine Psalmen- und Römerbriefvorlesung drang er tief in den Text ein. Und es wurde ihm klar: Nicht kirchliche Autoritäten, ein Dogma oder auch eine spirituelle Erfahrung sind der entscheidende Maßstab für den Glauben, sondern die Bibel! Sola scriptura – allein die Schrift – wurde zur Grundlage des Urteils über kirchliche oder weltliche Fragen. So begann Luther, die Realität und Praxis seiner Kirche an der Bibel zu messen. Augenfällig stand zuallererst die Ablasspraxis, aber auch das Zölibat, das Papsttum, der Ausschluss der Laien vom Kelch im Widerspruch. Vor dem Reichstag zu Worms erklärte er, dass er nicht widerrufen werde, wenn er nicht durch die Bibel oder aus Vernunftgründen widerlegt werde.

Auf der Wartburg übersetzte Luther das Neue Testament in nur elf Wochen in die deutsche Sprache. Und er fand dabei eine Sprache, die – so im *Sendbrief vom Dolmetschen* – dem Volk aufs Maul schaute. Gewiss, es gab andere Übersetzungen davor. Aber keine wurde so sehr angenommen und prägte die Sprache selbst. Im September 1522 erschien die erste Auflage von 3000 Exemplaren und war innerhalb von drei Monaten ausverkauft.

Zurück in Wittenberg arbeitete Luther in enger Zusammenarbeit mit Melanchthon und Anderen an der Übersetzung des hebräischen Teils der Bibel. Es ist spannend, dass hier der Übersetzungsvorgang so bewusst eine Arbeit im Dialog, in Partnerschaft war. So entstand die »Wittenberger Reformatorenbibel« (Schilling). Mit Luthers Übersetzung wurde die Bibel demokratisiert. Nicht nur Gebildete und Fachleute konnten sie nun lesen, sondern jeder Mensch, der des Lesens und Schreibens kundig war. Dies war Anlass für den Bildungsimpetus Luthers: Jeder Junge, jedes Mädchen gleich welcher sozialen Herkunft sollten Lesen und Schreiben lernen, um das eigene Gewissen an der Schrift zu schärfen. Dieser Bildungsimpuls aber war allen Reformatoren gemeinsam. Auch Melanchthon und Bucer, Zwingli und Calvin engagierten sich dafür.

Luther selbst lebte täglich mit der Bibel. Er las sie, er suchte Orientierung in ihr und er predigte, was er in ihr fand, in einem Dialog zwischen Text, Verkündiger und Kontext der Hörenden. Die Bibel gehörte für ihn mitten in den Alltag der Welt. Und das bleibt bis heute Kennzeichen der Reformation.

11. Bilder

In Wittenberg brach im Winter 1522 ein Bildersturm aus: Leidenschaftliche Prediger riefen dazu auf, Bilder und Heiligenfiguren aus den Kirchen zu holen und öffentlich zu verbrennen. Das musste auch reformfreudige Altgläubige abstoßen. Luther verlässt die Wartburg und kehrt nach Wittenberg zurück, um die radikalen Ausbrüche einzudämmen. In den sogenannten Invocavitpredigten im März 1522 versucht er die »Bilderstürmer« mit biblischen Argumenten zu beruhigen. Luther bezieht eine vermittelnde Position: *Mit den Bildern steht es so, dass sie nicht notwendig, sondern frei sind. Wir können sie haben oder auch nicht haben, obwohl es besser wäre, wir hätten sie gar nicht. Ich bin ihnen auch nicht hold. Um der Bilder willen hatte sich ein großer Streit erhoben zwischen dem Römischen Kaiser und dem Papst. Der Kaiser meinte, er habe die Gewalt zu befehlen, dass es keine Bilder geben sollte. Der Papst aber meinte, sie müssten sein. Und beide haben geirrt. Darüber ist auch viel Blut vergossen worden. Aber der Papst war überlegen und der Kaiser musste nachgeben. Warum? Weil sie aus der Freiheit ein »Müssen« machen wollten. Das kann Gott nicht leiden. Wolltest du es anders machen als die hohe Majestät es beschlossen hat? Gerade nicht! Du wirst es sein lassen.*

Ihr lest im Gesetz 2. Mose 20, Vers 4: »Du sollst dir kein Bild machen noch Gleichnis, weder der Dinge, die im Himmel sind, noch der Dinge auf Erden oder im Wasser.« Das erste Gebot drängt in diese Richtung. Wir sollen allein Gott anbeten und kein Bild, wie es auch weiter heißt: »Du sollst sie nicht anbeten.« Darauf sagen die anderen: Ja, das Anbeten ist verboten, aber nicht das Machen. Hierauf müssen wir doch bekennen, dass man Bilder haben und machen darf, aber anbeten sollen wir sie nicht, und wenn man sie anbetet, dann sollte man sie zerreißen und abschaffen ... In der Frage der Bilder ist die Liebe der Hauptmann. Es gibt noch Menschen, die Bilder gut brauchen könnten. Obwohl das nur wenige sind, können wir das dennoch nicht verdammen was irgendein Mensch noch wohl brauchen kann.

Darum muss ich's zugeben: Die Bilder sind weder dies noch das, sind weder gut noch böse, man kann sie haben oder nicht haben. Aus diesem allem sollt ihr merken, dass kein äußerliches Ding dem Glauben schaden kann noch nachteilig ist. Allein darauf muss man achten: Dass das Herz nicht an äußerlichen Dingen hängt noch sich darauf verlässt.

12. Bildung

Lateinschulen und Universitäten gerieten nach 1522 in eine tiefe Krise. Die großen Humanisten wie Erasmus von Rotterdam und Ulrich Hutten warfen den Klosterschulen eine zu enge und kirchenfixierte Erziehung vor. Der beginnende Widerstand gegen Klöster und »altgläubige« Kircheneinrichtungen hatte auch zur Folge, dass Schulen aufgelöst wurden.

Schüler- und Studentenzahlen gingen drastisch zurück. Radikalreformerische Gruppen polemisierten gegen jede schulische Bildung. Ein Irrweg, gegen den die Reformatoren, allen voran Luther, heftig zu Felde zogen. Im Jahr 1524 verfasst er eine Schrift *An die Ratsherren aller Städte deutschen Lands, dass sie christliche Schulen aufrichten und halten sollen.* Darin beruft er sich auf das Gebot Gottes, der Mose befohlen hatte, die Eltern sollten die Kinder lehren. Freilich seien viele Eltern nicht in der Lage, aus verschiedenen Gründen – manche seien eben nicht gebildet genug oder hätten zu viel Sorge um das Überleben. Darum sei es die Pflicht der Landesherren, Schulen für alle Kinder einzurichten und die Wissenschaften an den Universitäten zu fördern.

Das ist einer Stadt Bestes und ihr allerprächtigstes Gedeihen, ihr Wohl und ihre Kraft, dass sie viele gute, gebildete, vernünftige, ehrbare, wohlerzogene Bürger hat.

Es gibt einen wichtigen anderen Grund, das Studium der alten Sprachen und der Wissenschaften an den Lateinschulen und Universitäten zu fördern und zu erhalten. Luther argumentiert dabei ausschließlich theologisch: Nur so könne man das Evangelium wirklich verstehen. Die fehlende sprachliche Bildung habe zur Verelendung des Glaubens geführt. Luthers Appell hat ohne Zweifel lange nachgewirkt und schließlich zur allgemeinen Schulpflicht geführt: *Darum, liebe Herren, lasst euch das Werk angelegen sein, das Gott so nachdrücklich von euch fordert, zu dem euer Amt verpflichtet ist, das für die Jugend so notwendig ist und das weder Welt noch Geist entbehren können.*

Evangelisches Christentum und Bildung gehörten für Luther zusammen, stellt der Historiker Heinz Schilling fest. In der Folge wurden in allen protestantischen Gebieten der kirchliche Grundbesitz ebenso wie Kloster- und Stiftsbibliotheken zugunsten von Schulen und Universitäten genutzt.

13. Bischof

Als Martin Luther und seine Mitstreiter, allen voran Philipp Melanchthon, nach dem Reichstag zu Augsburg erkennen mussten, dass es wahrscheinlich keine Einigung mit der »altgläubigen« Kirche mehr geben würde, mussten sie Ordnungen für eine eigene Kirche entwerfen. An die Stelle der bisherigen strengen Hierarchie – vom Papst angefangen über die Kardinäle, Bischöfe und Ortspriester – musste nun eine neue Organisationsform treten. Zunächst orientierte man sich an der Bibel, dort waren unterschiedliche »Ämter« genannt: Diakone, Älteste und Bischöfe. So hat Luther selbst Bischöfe ordiniert, zum Beispiel den Theologen Nikolaus von Amsdorf am 20. Januar 1542 – die erste »evangelische« Bischofsordination. Allerdings war mit der Bischofsordination keine über ein normales Pfarramt hinausgehende Amtsgewalt verbunden. Das Pfarramt erfüllte alle Aufgaben, die nach biblischer Weisung mit dem Bischofsamt verbunden waren. Bischöfe und Pfarrer hatten die gleichen Aufgaben: zu predigen, die Sakramente zu verwalten, Kirchenzucht zu üben und Lehre zu beurteilen. Die lutherischen Bekenntnisschriften erwähnen die Bischöfe zwar, nennen sie aber stets gemeinsam mit

»Ältesten« bzw. Pfarrern. Die entstehenden Kirchen hielten also sehr wohl am Bischofsamt fest, zeigten aber zugleich, dass dessen Aufgaben bereits im Pfarramt erfüllt waren.

Die sogenannten kirchenleitenden Aufgaben wurden größtenteils Synoden (griech. »Zusammenkünfte«) übertragen, in denen geistliche und nichtgeistliche Kirchenmitglieder über Lehr- und Ordnungsfragen entschieden. Daneben gab es immer auch individuelle Amtsträger, oft Bischöfe genannt, ein Titel, der zunächst aus vielen protestantischen Kirchenordnungen verschwand. An ihre Stelle traten etwa in Brandenburg und später in Preußen die »Superintendenten« – was nichts anderes ist als die lateinische Übersetzung des griechischen Wortes episkopos = Bischof. Der Bischof trägt eine »besondere Sorge um die Identität und Kontinuität des christlichen Zeugnisses im Laufe der Zeiten«. Deswegen obliegt dem Bischof die Ordination zum Pfarramt.

Das Bischofsamt wurde vor allem in den lutherischen Gemeinden zu Beginn des 19. Jahrhunderts wieder aufgewertet. Andere evangelische Kirchen haben bis heute keinen Bischof, an ihrer geistlichen Spitze steht ein »Präses« oder »Kirchenpräsident«. In den deutschsprachigen evangelisch-reformierten Kirchen gibt es kein Bischofsamt. Grundsätzlich hat ein Bischof oder dessen gleichrangiger Amtsträger keine »höheren« oder besonderen Weihen als ein Gemeindegeistlicher.

14. Buße

Als Mönch lernte Luther den traditionellen Umgang mit der Buße kennen. Gemeint war damit die nach der Beichte vom Beichtvater auferlegte Wiedergutmachung durch Beten, Almosengeben, das Gebot der Nächstenliebe erfüllen oder freiwillig auf etwas verzichten, etwa auf bestimmte Speisen (Fasten) oder auf Vergnügen. Diese Art »Strafe« für ein Fehlverhalten kannte die Kirche schon in den ersten Jahrhunderten, die Buße sollte den Menschen zur Umkehr führen und ihn wieder mit Gott und der Kirche aussöhnen.

Dieses Lohn-Strafe-Denken konnte der junge Mönch nicht mit seinem Bibelstudium vereinbaren. Entsprach diese Art Rechnungsführung tatsächlich dem biblischen Gottesbild? Hatte Jesus das mit seiner Aufforderung gemeint: »Tut Buße und kehrt um, denn das Gottesreich ist nahe«? Waren Beten, Almosengeben, Nächstenliebe und Fasten nicht selbstverständlich?

Das Unbehagen Luthers an diesem Gottesbild wurde zum offenen Protest, als Ablassprediger Briefe gegen Geld verkauften, mit denen man sich Bußübungen ersparen konnte. Die 95 Thesen, in denen Luther diesen Missbrauch anprangerte, deuteten bereits ein neues Verständnis der Buße an. Buße ist ein Wechsel in der Selbstwahrnehmung, ein Perspektivenwechsel. Wenige Wochen nach den Thesen erläutert Luther in einer Predigt das neue Verständnis der Buße. Im *Sermon von Ablass und Gnade* lehnt er das in der überlieferten Kirchenlehre gebrauchte Wort »Bußstrafe« ab. Irreführend sei das Wort, weil es aus einem Lohn-Strafe-Denken kommt. Der Mensch tut etwas Falsches, bekommt Angst vor der Hölle oder einem strafenden Gott und leistet deswegen Buße, die ihm auferlegt wird. Echte Buße aber wird nicht auferlegt, sie wird geschenkt. Sie antwortet auf die Liebe Gottes. Der *auf sich selbst verkrümmte Mensch,* so bezeichnet Luther den von Angst und Schuld getriebenen Menschen, wird aufgerichtet. Mit dem Bild vom »Verkrümmtsein« meint Luther den Menschen, der stets nur auf sich und seine fromme Leistung blickt und die eigene Vervollkommnung vorantreibt. Dieser »verkrümmte« Mensch wird aufgerichtet, blickt statt auf sich auf den gnädigen Gott.

Der schriftlich verbreitete Artikel wurde der erste Bestseller der Reformation, mehr als 20 Auflagen wurden innerhalb von zwei Jahren überall im Reich gedruckt und verbreitet.

15. Confessio Augustana – das Augsburger Bekenntnis

Das Jahr 1530 kann als Geburtsstunde der Kirche der Reformation gelten. Politisch war das Deutsche Reich gespalten: Es gab viele Fürsten und Reichsstädte, die sich zum »neuen Glauben« bekannten, andere wieder hielten am »alten Glauben« fest. Kaiser Karl V. setzte alles daran, die sich abzeichnende Kirchenspaltung zu verhindern. Er berief einen Reichstag nach Augsburg ein, auf dem die religiösen Streitfragen endgültig geklärt werden sollten. Es kam anders. Die Fürsten und Städte des »neuen Glaubens« wollten ihre Rechtgläubigkeit öffentlich beweisen und kamen mit einer von Philipp Melanchthon und anderen lutherischen Theologen ausgearbeiteten Erklärung nach Augsburg, dem »Augsburger Bekenntnis«. Das Bekenntnis zählt bis heute zu den grundlegenden Erklärungen der evangelischen Kirche.

Auf die Konfession der Protestanten folgte eine eingehende Widerlegung durch altgläubige Theologen unter der Leitung des päpstlichen Legaten. Nach dessen Verlesung hielt der Kaiser die Protestanten für widerlegt und erklärte jede weitere Diskussion für unzulässig. Was die Theologen auf beiden Seiten nicht daran hinderte, viele Wochen lang in Ausschüssen immer neue, aber vergebliche Versuche anzustellen, die theologischen Gegensätze irgendwie auszugleichen. Der Grund zur Kirchenspaltung war politisch und theologisch gelegt.

28 Artikel sollen die wichtigsten Glaubensgrundsätze darlegen, die ersten 21 Artikel bilden *beinahe eine Zusammenfassung der Lehre, die in unseren Kirchen zum rechten christlichen Unterricht und zum Trost der Gewissen sowie zur Besserung der Gläubigen gepredigt und gelehrt wird,* so charakterisiert das Bekenntnis sich selbst. Zu Beginn werden die alten Glaubensbekenntnisse der Kirche (Apostolisches und Nicänisches Bekenntnis) als Grundlage bestätigt, dann folgt im 4. Artikel schon die Beschreibung der Rechtfertigung. Setzt sich die neue Glaubensrichtung schon hier vom »alten« Glauben ab, so erst recht, als sie das Predigtamt, die Kirche und die Sakramente beschreibt. Die Kirche wird nicht als Hierarchie unter der Herr-

schaft des Papstes gebildet, sondern: *Es wird auch gelehrt, dass allezeit eine heilige, christliche Kirche sein und bleiben muss, die die Versammlung aller Gläubigen ist, bei denen das Evangelium rein gepredigt und die heiligen Sakramente laut dem Evangelium gereicht werden. Denn das genügt zur wahren Einheit der christlichen Kirche, dass das Evangelium einträchtig im reinen Verständnis gepredigt und die Sakramente dem göttlichen Wort gemäß gereicht werden.*

Der Ton des Augsburger Bekenntnisses ist versöhnlich, spitzt aber zugleich die Unterschiede zum »alten Glauben« zu.

16. Christus

Solus christus – Christus allein, das ist ein zentraler Grundsatz der Reformation. Er betont, dass niemand sonst das Heil vermitteln kann, auch nicht die Kirche. Der Mensch kann sein Heil auch nicht selbst erringen. Allein Christus und sein Tod am Kreuz erlösen ihn von sündhafter Verstrickung. In Jesus, seinem Leben, Leiden und Sterben hat Gott gehandelt und damit alle Menschen gemeint. Seine Auferstehung lässt sein Sterben in neuem Licht erscheinen.

Damit stellt sich der Reformator gegen jede Form von »Werkgerechtigkeit«. Nichts, was der Mensch tut, kann ihn vor Gott rechtfertigen. Die Rechtfertigung des eigenen Lebens ist ganz und gar Geschenk durch Christus. Er ist für ihn die *Mitte der Schrift*, von ihm her liest er die Bibel: *Die ganze Schrift spricht überall allein von Christus.*

Und ihm ist wichtig, dass Christus allein unser Weg zu Gott ist. So schreibt er:

> Die Heiligen anzurufen haben andere eher als ich angegriffen, und mir gefällt es, und ich glaubs auch, daß Christus allein als unser Mittler anzurufen sei. Das gibt die Schrift und ist sicher.

Auch die anderen Reformatoren sehen Christus als Zentrum des Glaubens. Johannes Calvin erklärt: *Unser ganzes Heil, alles, was dazu gehört, ist allein in Christus beschlossen.* In der reformierten Tradition hat sich diese Überzeugung klar im Heidelberger Katechismus niedergeschlagen. Der beginnt gleich mit der ersten Frage: *Was ist dein einziger Trost im Leben und im Sterben?*, die wie folgt beantwortet wird: *Daß ich mit Leib und Seele, im Leben und im Sterben nicht mein, sondern meines getreuen Heilands Jesu Christi eigen bin ...*

Für die Reformatoren bleibt entscheidend: Christus zeigt uns, wer Gott ist. Und in Christus begreifen wir den Weg zu Gott. Niemals kann ein Mensch den Maßstäben Gottes entsprechen. Aber weil Christus ihnen entsprochen hat, finden sie Zugang zu Gott. Deshalb ist wichtig, dass alle Menschen von Christus hören und die Bibel von allen gelesen werden kann.

17. Ehe

Luther hat die Ehe spät kennengelernt – jahrelang hatte er Freunde und Klosterinsassen ermuntert, sie sollten doch heiraten. Er selbst scheute vor diesem Schritt zurück. Lange argumentierte er, er wolle sich nicht binden, da er fürchte, verfolgt und vielleicht sogar hingerichtet zu werden. Diese Unsicherheit könne er einer Frau nicht zumuten.

Dass es anders kam, hängt zunächst mit der wachsenden Zuneigung zu der früheren Nonne Katharina von Bora zusammen. Doch Luther hatte lange zuvor schon in Briefen und Schriften die Ehe immer wieder als einen besonderen, von Gott gesegneten Stand gepriesen, der dem Alleinleben und vor allem der Ehelosigkeit vorzuziehen und vor allem: geistlich überlegen war. Er widersprach offen der traditionellen Kirchenlehre, er sah in der Ehe eine göttliche Stiftung. Gott hat die Ehe selbst eingesetzt, Mann und Frau zusammengegeben, Kinder zu zeugen und aufzuziehen. Darum sind die Gläubigen auch gewiss, dass ihm (nämlich Gott) der Stand an sich gefällt mit all seinem Wesen, seinen Werken, Leiden und was darin ist. Nun sage mir, wie kann ein Herz größeres Gut, Frieden und Lust haben als in Gott, wenn es gewiss ist, dass sein Stand, Wesen und Werk Gott gefällt?

Die Ehe ist für sich gesehen bereits eine gottgefällige Lebensweise, darum bedarf sie keiner kirchlichen Aufsicht.

Es kann ja niemand leugnen, dass die Ehe ein äußerliches, weltliches Ding ist wie Kleider und Speise, Haus und Hof, weltlicher Obrigkeit unterworfen.

Sie ist von Gott mit der Schöpfung geschaffen und teilt darum deren Sinn: dass mehr Leben entsteht als zuvor da war. Das bezieht sich vordergründig auf das Zeugen von Kindern, geht aber darüber hinaus. Gott hat das Zusammenleben von Mann und Frau gestiftet, damit sie gemeinsam mehr Leben zusammen haben, als jeder für sich allein hätte.

Diese neue Würde der Ehe bettet Luther freilich in die überkommenen Vorstellungen der Ehe: Die Frau soll dem Mann untertan sein, die Ehe dient der Nachkommenschaft. Geschieden werden sollten Ehen nur in Ausnahmefällen. Da sie aber zur »weltlichen« Ordnung gehört, ist ihr Scheitern nicht der kirchlichen Rechtsprechung unterworfen. Ein Grundsatz, der bis heute in den protestantischen Kirchen gilt.

18. Erbsünde

Im Brief des Paulus an die Gemeinde in Rom (Kapitel 5, Vers 12) heißt es, dass die Sünde durch Adam in die Welt gekommen sei. Daraus entwickelte die Theologie in der Folge die Lehre von der »Erbsünde«. Dieser Auslegung schließt Luther sich zunächst an, verändert dann aber deren Sinn. *Wir hätten ein seliges Leben,* sagt er einmal in einer abendlichen Tischrunde, *wenn die Erbsünde nicht wäre, das »Ihr werdet sein wie Gott«. Aber wir wollen Gott sein!* Dies sei die eigentliche Hauptsünde – Luther gebrauchte das Wort »Erbsünde« recht selten. Die Schultheologie vor ihm hat die Erbsünde oft auf fleischliche Begierden bezogen, sie wurde durch die Fortpflanzung weitergegeben, eben »vererbt«. Diese Begierde bleibe wie ein »Zunder« im Menschen lebendig, entflammt leicht und treibt den Menschen zu allen möglichen bösen Handlungen, eben zu einzelnen Sünden, an. Deswegen müsse ein Mensch sich gegen diese Begierden zur Wehr setzen, dazu sei er aufgrund seiner Natur auch fähig.

Nein, behauptet Luther gegen die Schultheologie, es ist die ganze Natur des Menschen, die gegen Gott rebelliert und sich seinem Willen nicht unterwerfen will. Da bleibt kein zum Guten fähiger Rest. Die Hauptsünde hat auch nichts mit der »bösen Lust« zu tun, sie wird auch nicht mit der Fortpflanzung weitergegeben. Es liegt seit Adam in der Natur des Menschen, sein zu wollen wie Gott.

Wie die »Ursünde« des Adam mit dem Sündersein des einzelnen Menschen zusammenhängt, darüber spekuliert Luther nicht. Wesentlich ist, dass er die Erbsünde von der Sexualität völlig löst. Eine Beschreibung der Weitergabe der Ursünde gibt Luther nicht. Er antwortet in akademischen Diskussionen auf diese Frage nur, der Mensch werde eben in diese Rebellion gegen Gott hineingeboren.

Wenige Jahre nach Luthers Tod gab es unter den protestantischen Theologen einen heftigen Streit um die Frage, ob die Erbsünde die »Substanz des natürlichen Menschen« sei, oder ob er, »wenn er an Gott glaubt, in der Lage sei, Gottes Willen zu gehorchen. Ein komplizierter Theologenstreit, der lediglich zeigte, dass man eine neue wissenschaftliche Sprache der Theologie brauchte, um den Wechsel vom Unglauben zum Glauben zu beschreiben.« (Karl-Heinz zur Mühlen)

37

19. Erlösung

Es gibt bei Luther einen zugleich aufschlussreichen und nachdenklichen Abschnitt über die Erlösung. Er bindet die Erlösung der Kreatur eng an die Erlösung des Menschen. In der Vorlesung über den Römerbrief des Apostels Paulus legt er im Jahr 1515 den Studenten das achte Kapitel aus, in dem es heißt: »Die Schöpfung wartet sehnsüchtig darauf, dass die Kinder Gottes erlöst werden.« Zunächst führt er die »Sehnsucht der Kreatur« nach Erlösung darauf zurück, dass der Mensch sich nach dem sogenannten Sündenfall der Schöpfung falsch bedient. Er macht die Kreatur zum Gegenstand seines Genusses. Ein Missbrauch der Schöpfung, denn eigentlich ist Gott der wahre Gegenstand seines »Genusses«. Der Grund für den Missbrauch liegt in der Erlösungsbedürftigkeit des Menschen. Diesen Zusammenhang habe die Theologie bislang nicht erkennen können. Luther polemisiert gegen die überkommene Auslegung, die bislang von den Theologen bevorzugt wurde. Diese Theologen hätten die Bibelstelle – und entsprechend die Kreatur – nur »philosophisch« betrachtet und er setzt nun eine »theologische« Auslegung dagegen: *Die Philosophen versenken ihr Auge auf die Gegenwart der Dinge, und sie bedenken allein deren Eigenschaften. Der Apostel aber ruft unsere Augen weg von der Betrachtung der gegenwärtigen Dinge und lehrt darauf zu achten, dass sie zukünftig sind. Mit einem wundersamen und theologischen Wort sagt er:* »Das Sehen der Kreatur«. *So fragt er nun nicht mehr nach dem Wesen und den Eigenschaften der Kreatur, sondern danach, worauf die Kreatur abzielt.*

Damit sagt Luther, dass die Kreatur mehr ist, als sich dem gegenwärtigen Erkennen erschließt. Der Mensch könnte von der Kreatur auf sich selbst schließen: Er ist mehr, als er seinem Wesen nach scheint. Er lebt im Glauben bereits in einer ersehnten und erhofften Zukunft, die er im Augenblick nicht an sich selbst erkennen kann, sondern die in Zukunft sein wird. Er ist ein erlöster Mensch, der nur in der Gegenwart noch gefangen scheint von der Sinnlosigkeit seines Lebens. Erlöst sein heißt für Luther: wieder zum Ebenbild Gottes werden, zu dem der Mensch ursprünglich geschaffen ist. Das Bild ist »real« nur als erhoffte Zukunft, aber ist im Glauben bereits gegenwärtig.

20. Evangelisch

»Evangelisch« bedeutet für die Reformatoren dasselbe wie »christlich«. Luther hat es zeitlebens abgelehnt, »evangelisch« zum kirchlichen Parteinamen zu missbrauchen, ebenso zuwider war ihm die Bezeichnung »lutherisch« als Name für die reformatorische Bewegung. Diese Bezeichnung geht übrigens auf eine Polemik seines Gegners Johannes Eck zurück. Für Luther war das Wort »evangelisch« ein umfassender Ausdruck für alles, was dem Evangelium gerecht wird. So spricht er etwa von einer »evangelischen Ordnung des Gottesdienstes« und meint damit nicht die Abfolge der einzelnen liturgischen Gesänge, der Gebete, der Predigt und des Glaubensbekenntnisses in deutscher Sprache. Viele Gemeinden führten damals Gottesdienste in der deutschen Sprache ein – das deutlichste Zeichen nach außen, dass man sich der reformatorischen Bewegung angeschlossen hatte. Luther selbst war überzeugt, dass die Sprache gar nicht entscheidend für eine »evangelische« Gottesdienstordnung sei. *Ich halte es überhaupt nicht mit denen, die sich nur so ganz auf eine Sprache verlegen und alle anderen verachten,* schreibt er 1526 in der Vorrede zur *Deutschen Messe und Ordnung des Gottesdienstes.* Man kann auch lateinische Messen halten, Hauptsache der Gottesdienst dient dazu, Menschen zu Christen werden zu lassen.

> *Um dieser willen muss man lesen, singen, predigen, schreiben und dichten, und wenn es hilfreich und erforderlich dafür wäre, wollte ich mit allen Glocken dazu läuten lassen und mit allen Orgeln pfeifen und alles klingen lassen, was klingen kann.*

»Evangelisch« wäre es, wenn gar keine Ordnung nötig wäre: *Denn diejenigen, die mit Ernst Christen sein wollen und das Evangelium mit Hand und Mund bekennen, müssten sich namentlich einschreiben und irgendwo in einem Haus allein sich versammeln zum Gebet, zum Lesen, zum Taufen, das Sakrament (Abendmahl) empfangen und ... alles auf das Wort und Gebet und die Liebe ausrichten. Kurz, wenn man die Leute und Personen hätte, die mit Ernst Christen zu sein begehren, so wären die Ordnungen und Weisen bald gemacht.*

Auch der Name »katholisch« bezeichnete keine Konfession. Die offiziellen Dokumente aus den Reichstagen sprachen vom »alten Glauben« und den Anhängern der Augsburgischen Konfession, also jener öffentlichen Darstellung des reformierten Glaubensverständnisses, das 1530 auf dem Reichstag von Augsburg als Bekenntnis vorgelegt worden war.

Erst seit dem 18. Jahrhundert verwendete man den Namen »evangelisch« als Konfessionsnamen, etwa in der »evangelisch-lutherischen« oder »evangelisch-reformierten« Kirche«.

Ähnlich steht es um den Namen »Protestanten«. Er bürgerte sich noch später als Bezeichnung der »evangelischen« Christen ein. Sein Ursprung liegt zwar in der Zeit der Reformation, hat aber eine eindeutig politische Spitze. Er geht auf den Reichstag von Speyer (1526) zurück, auf dem einige Landesfürsten und Reichsstädte dagegen protestierten, dass man über Glaubensfragen abstimmen könne und die Mehrheit auf dem Reichstag festlegen könne, was man zu glauben habe. Denn *in Sachen Gottes Ehre und der Seelen Seligkeit belangend muss ein jeglicher für sich selbst vor Gott stehen und Rechenschaft abgeben, also dass sich dabei niemand mit dem Handeln und Beschließen einer Minderheit oder Mehrheit entschuldigen kann.*

Der Name »Protestanten« war also zunächst ein politischer Sammelbegriff für diejenigen Reichsstände und Städte, die sich gegen eine kaiserliche Verordnung in Sachen Glaubensbekenntnis zur Wehr setzten. Erst im ausgehenden 18. Jahrhundert bürgert sich die Bezeichnung »Protestanten« für die evangelischen Kirchen ein.

21. Evangelium

Das Evangelium – übersetzt »Frohe Botschaft« – deutet Luther in doppelter Weise: so wie die traditionelle Theologie als *Geschichte von Christus, Gottes und Davids Sohn, gestorben und auferstanden und zum Herrn eingesetzt, welches die ganze Summe des Evangeliums ist.* Die Bibel ist für Luther das »Evangelium« schlechthin und als solches die Scheidelinie christlichen Lebens. Was dem Evangelium widerspricht, ist ein falscher Glaube.

Neu aber ist, wie Luther darüber hinaus den Begriff verwendet. Das Evangelium im übertragenen Sinn ist nicht ein Buch, überhaupt nicht »Schrift«, sondern es ist das mündliche Wort, das einen Menschen trifft. Anders wäre es eine Lehre, die man formulieren könnte und die man dann glauben soll. Die Lehre darüber, wer Christus war und was er getan hat, *macht noch keinen Christen, sondern nur Heuchler.* Nur was einen Menschen ergreift und im Herzen trifft, wenn er erkennt, dass Christus für ihn gestorben und auferstanden ist und ihn persönlich als den Befreiten, Erlösten anredet, erst dann wird das geschriebene Evangelium zur lebendigen Frohen Botschaft:

> *Das ist das große Feuer der Liebe Gottes zu uns,*
> *davon wird das Herz und das Gewissen froh,*
> *sicher und zufrieden – das heißt den christlichen*
> *Glauben gepredigt.*

Gelegentlich gebraucht Luther ungewöhnliche Bilder, um die augenblickliche Begegnung des Menschen mit der ergreifenden Botschaft zu charakterisieren. *Die Predigt des Evangeliums ist wie ein fahrender Platzregen, der dahin läuft. Was er trifft, das trifft er; was fehlt, das fehlt.*

Dieses augenblickliche Ergriffensein von der Erkenntnis: »Ich bin es, der geliebt und erlöst ist«, verändert den Menschen von Grund auf. *Der ganze Mensch muss in das Evangelium kriechen und überall neu werden, die alte Haut abziehen, wie es eine Schlange tut ... Er zieht ab seine alte Haut, lässt draußen sein Licht, seinen Dünkel, seinen Willen, seine Liebe, seine Lust, sein Reden, sein Wirken und wird also ein ganz anderer, neuer Mensch.*

Das bedeutet nicht, dass ein Mensch sich selbst in eine andere Existenz verwandelt. Er bleibt, der er war. Doch er begreift sich anders: als ein Mensch, der von Gott angesprochen wird und antworten muss. Dabei kann er nicht auf seine eigenen Verdienste und Leistungen verweisen, sondern muss sich ganz dem Gegenüber hingeben.

22. Familie

Vermutlich war es die eigene Erfahrung, die Luther veranlasst hat, über das Gewicht der Familie in einer christlichen Gesellschaft neu nachzudenken. Hatte er nicht bei vielen Besuchen in den Gemeinden des »neuen« Glaubens feststellen müssen, dass nur wenige wussten, was ihr Glaube wirklich zu einem christlichen machte? Seine Antwort: Er verfasste einen »Kleinen Katechismus«, in dem er die Grundfragen des Glaubens darlegte – eine Art Frage-Antwort-Spiel, *was durch ein solches Kinderspiel sollte das, was in Büchern genügend geschrieben ist, in die Herzen getrieben werden.*

Was Luther vorschwebte: die Familie als Keimzelle der Gemeinde. Er nimmt das christliche Haus in die Pflicht. Der Hausherr und die Hausfrau stehen einer Familie vor, ihnen ist aufgetragen, im gesamten Haus dafür zu sorgen, dass alle ihren Glauben kennen. Im Hausvater sah Luther darum einen *Pastor und Bischof seiner Hausgemeinschaft.* »Im Kern«, so charakterisiert der Historiker Heinz Schilling Luthers Absicht, war sein »Ideal evangelischer Kirchenordnung ... nicht nur Gemeinde-, sondern auch Familienkirche.«

Freilich wäre es falsch zu folgern, Luther habe die Familie lediglich als Keimzelle der christlichen Gemeinde instrumentalisiert. Die Familie ist für sich selbst eine von Gott gewollte und gewürdigte Lebensform. In der Schrift *Vom ehelichen Leben* schreibt Luther im Jahr 1522: *Gott hat die Ehe selbst eingesetzt, Mann und Frau zusammengegeben, Kinder zu zeugen und aufzuziehen. Darum sind sie auch gewiss, dass ihm der Stand an sich gefällt mit all seinem Wesen und seinen Werken, Leiden und was noch darin geschieht. Nun sage mir, wie kann ein Herz größeres Gut, Frieden und Lust haben als in Gott, wenn es gewiss ist, dass sein Stand, Wesen und Werk Gott gefällt?*

Dabei hat Luther sich in seiner eigenen Familie durchaus der traditionellen Rollenverteilung gefügt, auch wenn er gelegentlich provozierend aus dem überkommenen Schema ausbricht: *Wenn ein Mann hinginge und wüsche die Windeln und täte sonst am Kind ein verächtliches Werk und jedermann spottete seiner und hielte ihn für einen Maulaffen und Frauenmann. Gott lacht und freut sich mit allen Engeln und Kreaturen, nicht darüber, dass er Windeln wäscht, sondern darüber, dass er's im Glauben tut.*

23. Fegefeuer

Im Mittelalter hat die Kirche die Vorstellung von einem Fegefeuer, in dem die Seelen verstorbener Menschen »gereinigt« werden, bevor sie in den Himmel kommen, als Lehre ausgebaut. Populär wurde die Vorstellung von diesem zeitlichen Zwischenraum, in dem die Seele zwar schon die vollkommene Gegenwart Gottes spürt, sich aber wegen der sündigen Vergangenheit dieser Liebe Gottes nicht würdig fühlt, vor allem im 15. Jahrhundert und im Norden Europas. Durch Gebet und gute Taten konnten die Gläubigen, so kann man die kirchliche Lehre zusammenfassen, Verstorbenen die Sündenlast erleichtern und die Verweildauer im Fegefeuer verkürzen. Im Jahr 1476 erweiterte ein päpstlicher Erlass das kirchliche Ablasswesen auch auf die Seelen Verstorbener.

Die Reformation lehnte diese kirchliche Lehre rundweg ab. *Wir haben ... nichts in der Schrift vom Fegefeuer ... Darum meine ich, es ist nicht nötig, an ein Fegefeuer zu glauben, wiewohl Gott alle Dinge möglich sind und er gewiss die Seelen peinigen könne, wenn sie vom Leib getrennt ist. Aber er hat nichts davon sagen noch schreiben lassen. Darum will er auch nicht, dass wir daran glauben.*

45

Im Januar 1538 wird er von einem Gast auf das Fegefeuer angesprochen, ob nicht die Kirchenväter doch Recht hätten, wenn
sie das Fegefeuer erwähnen. Darauf antwortet Luther, weder
Ambrosius noch Augustinus oder gar Hieronymus hätten das
Fegefeuer erwähnt. Lediglich Gregor der Große habe in seinen Berichten über die Kirchenväter davon gesprochen. Aber
biblisch sei diese Vorstellung nicht. Paulus, auf den sich viele
Theologen beziehen, habe im Brief an die Korinther zwar das
Feuer erwähnt, in dem eines jeden Menschen Werk am Tag
des Gerichts erprobt wird. Doch an dieser Stelle spreche Paulus nicht über das Fegefeuer, sondern belehre über das gute
und böse Leben (1. Korinther 3,13). *Gott schlägt uns in seinem
Wort zwei Wege vor: Das Heil durch den Glauben, und die Verdam-
mung durch den Unglauben.* Allerdings gebe es so etwas wie ein
Fegefeuer auf Erden – dasjenige nämlich, was Menschen einander an Bösem zufügen.

24. Freiheit

Luther hat eine »Freiheit des Gewissens« entdeckt und prak-
tiziert. Freilich nicht im modernen Sinn, wie es die Aufklä-
rung oder die Französische Revolution verkündet hat. Er hat
sich zwar auf dem Reichstag in Worms gegenüber dem Papst
und dem Kaiser auf sein freies Gewissen berufen – aber diese
Freiheit leitete er aus der Bibel ab: Sie war für ihn eine »geistliche« Freiheit. Dem Gewissen darf niemand anderes vor-
schreiben, was es zu glauben hat, es sei denn, aus der Bibel,
aus Gottes Wort lasse sich ableiten, dass er im Irrtum sei.

Luther beschreibt – im Protest gegen die überkommene Theologie – die Freiheit eines Menschen als Paradox. In der Schrift *Von der Freiheit eines Christenmenschen*, verfasst nach dem Bann des Papstes, beschreibt er die Situation des Christen in scheinbar sich widersprechenden Thesen:

Ein Christenmensch ist ein freier Herr über alle Dinge und niemandem untertan. Ein Christenmensch ist ein dienstbarer Knecht aller Dinge und jedermann untertan.

Der scheinbare Widerspruch erklärt sich leicht. Luther ist der Meinung, dass jeder Mensch in zwei Welten lebt: einer geistlichen und einer weltlichen. Das Zentrum des innerlich-geistlichen Menschen ist die Seele. Sie kann durch nichts als durch Gottes Wort, das von Christus gepredigt wird, frei werden. Diese Freiheit im Glauben macht den Menschen unabhängig von allen äußeren Einflüssen. Zwar könne ein Mensch weder das Leben noch den Tod beherrschen. Auch die »leibliche Unterdrückung« könne man nicht beseitigen. Doch gilt allen Widerständen zum Trotz: *Nicht dass wir über alle Dinge leiblich mächtig sind, sie zu besitzen oder zu gebrauchen.* Aber ein Mensch kann sie alle sich zu Diensten machen: *Ich kann mich nach der Seele an allen Dingen bessern, so dass auch der Tod und das Leiden mir zur Seligkeit dienen und nützlich sein müssen ... Mein Glaube ist mir genug. Sieh, welch eine köstliche Freiheit und Gewalt der Christen ist das!*

Das ist die eine, die geistliche Seite der Freiheit. Die andere ist die weltliche Freiheit eines Christenmenschen. Sie ist keine Unabhängigkeit von allen Menschen und eine Art Selbstverwirklichung. Sondern: *Ich bin wiederum frei zu tun, was Gott gefällt, und meinem Nächsten gegenüber auch ein Christ werden, wie Christus es mir geworden ist ... So fließt aus dem Glauben die Liebe und aus der Liebe ein freies, williges, fröhliches Leben, dem Nächsten umsonst zu dienen. So ist der freie Herr über alle Dinge zugleich ein dienstbarer Knecht und jedermann untertan.*

25. Freundschaften

Ohne Freunde wäre Luther wohl verloren gewesen. Als er nach dem Reichstag in Worms auf der Wartburg vor den Gefahren des kaiserlichen Banns – er war für vogelfrei erklärt worden – bewahrt wird, drückt ihn der Gedanke, er sei fahnenflüchtig geworden und lasse seine Freunde im Stich. Sein Professorenkollege **Georg Spalatin** bricht den Bann, er schreibt Luther nach acht Tagen einen Brief, den kurfürstliche Boten überbringen. Spalatin – Georgius Burckhardus de Spalt – war Geheimsekretär des Kurfürsten und hatte für die Bibliothek der Universität Wittenberg zu sorgen. Dem humanistisch gebildeten Spalatin war Luther seit langem eng verbunden, über 400 Briefe, oft in herzlichem Ton, bezeugen die Freundschaft, die beide lebenslang füreinander empfanden.

Der junge Gelehrte und Griechischkenner **Philipp Melanchthon** zählt zu den engsten Vertrauten Luthers. Über Luther sagte Melanchthon: *Ich würde lieber sterben als von diesem Manne getrennt zu sein.* Luther unterwies den jungen Professor für die griechische Sprache in der reformatorischen Theologie, Melanchthon lehrte im Gegenzug Luther die griechische Sprache. Er war es auch, der Luther, als er auf der Wartburg bleiben musste, dazu riet, das Neue Testament ins Deutsche zu übertragen. Dazu ließ der die griechische Urschrift auf die Wartburg bringen.

Vor allem seinen Freunden hatte es Luther zu verdanken, dass der Zwangsaufenthalt auf der Wartburg nicht zu einem Stillstand seiner Arbeit führte. Sie versorgten ihn mit Nachrichten, nahmen seine zahlreichen Schriften entgegen, brachten sie zum Druck. Der politischen Öffentlichkeit blieb verborgen, wo der Gebannte sich aufhielt. Seine Freunde sorgten dafür, dass er durch seine Schriften bereits wieder eine Macht im öffentlichen Leben war. Melanchthon hat als enger Vertrauter Luther bei öffentlichen Verhandlungen vor dem Reich und mit der Kirche stets das Wort geführt, wenn der geächtete Luther nicht auftreten durfte. Er führte die Protestanten auf dem Reichstag in Augsburg im Jahr 1530 an und verfasste die Augsburger Konfession – auf sie werden evangelische Pfarrer bis heute bei ihrer Ordination verpflichtet.

Der Theologe **Johannes Bugenhagen,** geboren in Hinterpommern, war ab 1523 Wittenberger Stadtpfarrer und der persönliche Seelsorger Luthers. Bugenhagen war ein begabter Organisator, er entwickelte zahlreiche Kirchenordnungen in Deutschland, u. a. in Braunschweig, Hamburg und Lübeck, aber auch in Skandinavien. Bugenhagen hielt die Ansprache bei Luthers großer Trauerfeier in der Wittenberger Schlosskirche, er kümmerte sich danach auch um Luthers Frau und seine Kinder.

26. Fürstinnen

Elisabeth von Rochlitz (1502–1557), Tochter des Landgrafen von Hessen, wurde mit 13 Jahren mit Herzog Georg von Sachsen verheiratet. Durch den Kontakt mit ihrem Bruder Philipp von Hessen kam sie mit den Reformideen Luthers in Berührung. Als ihr Mann verstarb, führte sie gegen den Willen ihres altgläubigen Schwiegervaters und Landesherrn Georg von Sachsen in ihrem Witwensitz Rochlitz die Reformation ein. Überliefert ist von ihr ein umfangreicher Briefwechsel, der heute ein wichtiges Quellenmaterial für diese Zeit ist.

Elisabeth von Braunschweig-Lüneburg (1510–1572). Die Tochter des Kurfürsten Joachim I. von Brandenburg-Hohenzollern heiratet 1525 Herzog Erich I. von Braunschweig-Lüneburg und lebt von da an im Fürstentum Calenberg-Göttingen. Als ihre Mutter sich gegen den Willen ihres Mannes zum »neuen Glauben« bekennt, muss sie vom Hof fliehen und findet Aufnahme in Wittenberg. Als Elisabeth ihre Mutter dort besucht, lernt sie Luther kennen und lässt sich wenig später das Abendmahl in beiderlei Gestalt reichen – ein öffentliches Bekenntnis zum »neuen Glauben«. Als ihr Mann im Jahr 1540 stirbt, übernimmt sie als Vormund ihres minderjährigen Sohnes die Regentschaft und führt mit Hilfe des lutherischen Theologen Corvin im Jahr 1542 die Reformation in ihrem Land ein. Obwohl ihr Sohn, volljährig geworden, die Gegenreformation einleitete, gilt Elisabeth als Reformationsfürstin. Sie verfasste zahlreiche Lieder und Gebete, die zum Teil heute noch erhalten sind.

Felicitas von Selmenitz (1488–1558) stammt aus einer am Hofe des Kurfürsten Friedrich von Sachsen hoch angesehenen Adelsfamilie. 1507 heiratete sie den verwitweten Schlosshauptmann Wolf von Selmenitz. Dem Ehepaar werden sieben Kinder geboren. 1519 wird Wolf von Selmenitz ermordet. Felicitas ist 31 Jahre alt. Von ihren sieben Kindern sind bereits vier gestorben, zwei verliert sie kurz darauf an der Pest. Allein Georg, der Zweitgeborene, überlebt. Zusammen mit ihm siedelt sie auf ihr Gut nach Glaucha bei Halle über. Aufmerksam verfolgt sie die Verbreitung der lutherischen Lehre, der ihr Schwager Sebastian von Selmenitz schon länger anhängt. 1523 nimmt sie das Abendmahl in beiderlei Gestalt entgegen. Den Anfeindungen Kardinal Albrechts ausgesetzt, verlässt sie 1528 die Stadt Halle und begleitet ihren Sohn zum Studium nach Wittenberg. Hier trifft sie sich häufig mit den Familien der Reformatoren, Martin Luther, Philipp Melanchthon, Justus Jonas und anderen. Sie alle schenken ihr mit persönlichen Widmungen ihre Schriften und achten sie als »Schwester im Glauben«.

27. Geld

Der aufblühende Kapitalismus um 1500 hatte viele Theologen in Verlegenheit gestürzt. Die Bibel verbot das Zinsnehmen, Jesus hatte die Wucherer aus dem Vorhof des Tempels vertrieben. Jetzt aber spekulierten Kaufleute auf hohe Zinsen, horteten Korn, um die Preise nach oben zu treiben. Was tun? Luther stand vor derselben Verlegenheit. Und er musste Stellung beziehen. Im Jahr 1525 bat der Rat der Stadt Danzig Luther, er solle aus seiner Sicht darstellen, wie er sich eine christliche Geldpolitik vorstellen könne. Luthers Gutachten zeigte ein doppeltes Gesicht. Ja, die Bibel verbot das Zinsnehmen – so sollten es Christen untereinander auch halten. Doch eine Wirtschaftspolitik lasse sich auf dieses »geistliche Gesetz« nicht aufbauen. Wie viele andere Theologen vor ihm pochte er darauf, dass im weltlichen Bereich Zinsen sich »nach der Billigkeit richten« sollten. Was »billig« war, hatten auch die Theologen alter Schule schon festgelegt: 5 Prozent. Gegen Wucherzinsen und Spekulationen mit Schuldscheinen müssten weltlichen Regierungen einschreiten.

> *Hierinnen sollen nun Kaiser, Könige, Fürsten und Herren wachen und ihr Land und Leute ansehen, dass sie helfen und den greulichen Schlund des Wuchers schließen.*

Der Lutherbiograf Heinz Schilling warnt davor, aus den Ansichten Luthers eine ökonomische Theorie zu konstruieren. Luther bezog sich stets auf aktuelle Vorgänge. Aggressiver und differenzierter urteilte Luther, als er 1538 eine Teuerungs- und Versorgungsnot am eigenen Leib zu spüren bekommt. Erst richtet er ein Protestschreiben an den sächsischen Kurfürsten, er müsse gegen die Adligen einschreiten, die mit dem Korn *so unverschämt wuchern zum Verderb von Land und Leuten.* Vom Protest schien er nicht viel zu erwarten. Schon wenige Tage später verfasste er eine Flugschrift *An die Pfarrherrn, wieder den Wucher zu predigen.* Darin gesteht Luther zwar die menschliche Unzulänglichkeit ein, Geldgeschäfte seien ohne Zinsen nicht möglich. Der Wucher sei Sünde, allerdings sei die Sünde nicht auszurotten. Doch damit kann sich niemand abfinden oder gar kapitulieren. Jeder Mensch sei verpflichtet, Laster zu strafen und die Frommen zu schützen. Auch in Gelddingen müsse jeder Christ *ein Gewissen nach dem Maß seines Standes und Amtes bewahren*. Er rief die Pfarrer auf, gegen die Wucherer zu Felde zu ziehen, sie seien alle des Fluches wert, sie seien die größten Feinde der Menschen und erwürgten die Bevölkerung im Lande. *Weltliche und bürgerliche Händel und Nahrung, die recht und billig sind, ohne Geiz und Betrug* sind notwendiger Bestandteil des Wirtschaftslebens. Innerhalb der Kirche aber gelten andere Gesetze. Wer in der Nachfolge Christi steht, darf keine Verbindung zu Wucherern und Monopolisten eingehen, ja die Kirche hat sich aller Geldgeschäfte zu enthalten. Sie muss sich nach dem evangelischen Liebesgebot richten, das den Christen zu selbstloser Hilfe verpflichtet, also auch zum zinslosen Leihen von Geld und Gut.

28. Gerechtigkeit

Für Luther ging es nicht zuallererst um die Gerechtigkeit im Sinne von Verteilung von Gütern und Chancen. Sein zentrales Thema war: *Wie kann ich mein Leben rechtfertigen vor Gott?* Übersetzt kann das heute die Frage sein: »Wie muss ich leben, damit mein Leben Sinn hat?« Am Ende findet der Reformator die Antwort im Römerbrief des Apostels Paulus: »Der Gerechte wird aus Glauben leben« – Römer 1, 17 unter Bezug auf Habakuk 2,4. Die befreiende Wirkung dieser Erkenntnis ist für viele heute kaum noch nachvollziehbar. Es ist nicht ein Tun des Menschen, das ihn gerecht macht vor Gott, sondern Gottes Zusage spricht ihm diese Rechtfertigung zu. Gerechtfertigt vor Gott ist dann nicht, wer besonders treu und fromm und rechtschaffen handelt, sondern wer ein Bewusstsein dafür hat, dass der Mensch am Ende ganz und gar auf Gottes Lebenszusage angewiesen ist. Die Gerechtigkeit Gottes agiert nicht nach menschlichen Maßstäben, sondern Gott spricht den Menschen gerecht, der sich ihm vollkommen anvertraut.

Das lässt sich aber doch durchaus übersetzen auf unsere Zeit! Nicht ob du eine Arbeitsstelle hast, ist entscheidend. Auch nicht, ob du schön und leistungsfähig bist. Sondern Gott sagt deinem Leben Sinn zu. Das ist Gottes Gerechtigkeit. Und für den Menschen bedeutet das, treu zu Gott und zur Gemeinschaft zu leben, so gut er es vermag. Es geht darum, sich auf Gottes Lebenszusage zu verlassen, ohne dass ich etwas dazu beitragen kann. Und gleichzeitig aus dieser befreienden Erfahrung heraus treu zur Gemeinschaft etwas zu beizutragen wollen. So kommt es bei Luther auch zur Forderung von Bildungsgerechtigkeit und Bildungsteilhabe. Alle sollen selbst lesen und schreiben lernen, um sich mit dem Wort Gottes auseinander zu setzen.

Zentral aber bleibt die Gerechtigkeit Gottes. Und sie kann sehr anders sein als unsere Vorstellungen von Gerechtigkeit. So erläutert Luther in einer Vorlesung: *Denn die Gerechtigkeit Gottes ist der Grund des Heils. Und hier darf wieder unter »Gerechtigkeit Gottes« nicht die verstanden werden, durch die einer in sich selbst gerecht ist, sondern durch die wir von ihm selbst gerecht gemacht werden, was durch den Glauben an das Evangelium geschieht.*

29. Gewissen

Die mittelalterliche Theologie hat die Sündhaftigkeit des Menschen stets auf die triebhafte Begierde, die Sexualität, bezogen. Von diesem Verständnis der »sündhaften Neigung« – so könnte man das lateinische Wort »concupiscentia« übersetzen – hat Luther sich radikal gelöst. Diese Neigung ist für ihn die Begierde des Menschen, durch seine Leistungen vor sich selbst und vor Gott bestehen zu können. Diese Begierde widersetzt sich der Befreiung des Menschen von seiner Sünde durch die Gnade Gottes. Der »alte Adam«, so nennt Luther den Trieb zur Leistung, kämpft gegen den im Glauben erneuerten Menschen. Dieser Kampf spielt sich für ihn im Gewissen ab. So rückt Luther das Gewissen des Einzelnen in das Zentrum des religiösen Erlebens. Nicht die Kirche mit ihren Heilsmitteln, nicht Messe, Gebete und Wallfahrten entscheiden über den Glauben, sondern das Gewissen des Einzelnen ist Mittelpunkt des Glaubens. Luther hat mit dieser These eine religiöse und eine moralische Revolution vollzogen.

Religiös war die These deshalb revolutionär, weil sie den Glauben von der Kirche auf die Gewissensentscheidung des einzelnen Menschen verlagerte. Dort entschied sich – nicht ein für alle Mal, sondern immer wieder neu – der Streit zwischen dem »alten Adam« und dem neuen Menschen. Luther berief sich dabei auf den Apostel Paulus. In einer Predigt im November 1532 (gehalten vor einer fürstlichen Jagdgesellschaft) mit der Überschrift *Die Summe des christlichen Glaubens* beschrieb Luther den Kern des Glaubens: *Auch wenn ich vor den Menschen ein gutes Gewissen habe und die Liebe aus reinem Herzen* übe, so bleibt dennoch der alte Adam in mir, so dass ich nicht ganz heilig und rein bin. Wie der Apostel Paulus selbst sagt, dass er ohne Unterlass mit sich selbst streiten müsse, dass er nicht das Gute tun könne, wie er gern wollte … So bleibt ein ewiger Kampf und Widerstand in uns, dass immer viel Unreines mit unterläuft, es kann nicht lauter Reinheit noch gutes Gewissen und volle Liebe sein, ganz gleich, wie es vor den Menschen scheint. Aber vor Gott ist noch viel Mangel und Sträfliches in uns.

Luther versucht den Predigthörern klar zu machen, dass es im Glauben nicht zuerst darum geht, ein »gutes Gewissen« zu haben. Der Mensch bleibt bei allen guten Vorsätzen und bestem Willen ein Mensch »im Widerspruch«, ein Mensch, der sich täglich entscheiden muss zwischen dem Vertrauen auf die eigene Leistung und dem Vertrauen auf Gott.

Moralisch ist die These vom befreiten Gewissen darin, dass sie den Begriff »Sünde« von der Sexualität löst. Der Mensch wird nicht »in Sünden empfangen« – so verknüpfte die überlieferte Theologie Sünde und Sexualität. Ein auf Gott vertrauendes Gewissen gewinnt eine neue Freiheit des Handelns. Darum kann Luther von der Wartburg aus seinem Freund und Kollegen Philipp Melanchthon die aufreizenden Worte schreiben:

Sündige tapfer!

Und vervollständigt dann zum »Kern« des Glaubens:

Aber glaube noch viel mehr
und freue dich in Christus!

Man könnte diesen Appell übersetzen mit der Botschaft:
»Weg mit den Schuldgefühlen, du hast ein befreites Gewissen!«

30. Glaube

Nicht das, was ich tue, meine Werke, sind entscheidend vor Gott, sondern allein der Glaube – sola fide. Das war für Luther die entscheidende Entdeckung. Anlass war eine Stelle im Brief des Apostels Paulus an die Römer: »Der Gerechte wird aus Glauben leben« (1,17). Gottes Gnade, das Handeln Gottes also, rechtfertigt das Leben des Menschen und nichts anderes. Du kannst noch so viel leisten und tun, das schafft deine Rechtfertigung nicht. Und auch wenn du nichts tun und leisten kannst, sagt das noch nichts über dein Leben. Es liegt an Gottes Lebenszusage. Aber darauf nun antwortet der Mensch mit Glauben, etwas anderes bleibt ihm nicht. Er sagt so schlicht Ja zur Liebe Gottes. Und daraus folgt dann, dass der Mensch darum ringt, nun auch so zu leben, wie es den Geboten Gottes entspricht – aus Glauben.

Aber auch der Glaube ist keine Leistung des Menschen, auf die er irgendwie stolz sein könnte, begreift der Reformator. Das wäre ja auch wieder ein »Werk«. Für die Reformatoren ist der Glaube von Gott geschenkt oder auch vom Heiligen Geist gewirkt. Wenn der Mensch glauben kann, ist das letzten Endes Gnade, Lebenszusage Gottes. Der glaubende Mensch aber wird aus Liebe und Dankbarkeit handeln. Er vollbringt gute Werke nicht, um Gott zu gefallen oder gerecht zu werden, nicht aus Angst vor Fegefeuer und Hölle. Nein, er lebt und handelt aus der Freiheit der Gnade heraus, die er erfahren hat. Der Glaube an Gott und an Jesus Christus wird zur tragenden Kraft seines Lebens.

Bei Martin Luther äußert sich das in seinem Lebensstil. Sein Glaube durchdringt seinen Alltag – das entspricht seiner Überzeugung, dass Glaube eben nicht nur im Kloster und im Zölibat umfassend gelebt wird, sondern mitten in der Welt. Mit seinem Morgen- und Abendsegen stellt er seinen Tag in Gottes Hand. Im Beten gliedert sich der Tag in Rückbezug auf Gott. Im steten Zitieren der Bibel wird der Glaube der Väter und Mütter direkt ins präsente Leben geholt. Glaube ist damit für Luther nicht fern, nicht an besonderen Orten, sondern er begleitet ihn durch die Niederungen wie die Höhen des Lebens. Sein Glaube an Gott ist die tragende Kraft für sein Leben im Alltag der Welt. Dabei ist klar, dass sein Leben nicht Gott imponieren muss, es braucht eben keine »Werke«. Aber sie werden gern getan auf der Grundlage der befreienden Botschaft, dass Gott mir schon längst Lebenssinn zugesagt hat.

31. Gnade

In vielen Schilderungen wird die Frage »Wie kriege ich einen gnädigen Gott« als Schlüssel für die reformatorische Entdeckung Luthers genannt. Die Frage hat Luther so erst im Nachhinein formuliert. Er war in eine theologische Tradition hineingewachsen, in der heftig darüber gestritten wurde, ob Gott den Menschen »nach Gnade« oder »nach gestrengem Recht« richten werde. In der Auseinandersetzung mit biblischen Texten, vor allem den Psalmen und den Paulusbriefen, wurde Luther klar, dass diese Fragestellung vor eine falsche Alternative stellt. Hinter ihr steht ein Gottesbild, das von der menschlichen Erfahrung des Gerichts ausgeht. Da steht die Gnade gegen das Recht. Wie kann das mit der Bibel in Einklang gebracht werden, in der erzählt wird, Gott habe seinen eigenen Sohn dahingegeben, um die Menschen zu erlösen? Ist das nicht das Bild eines Gottes, der sich dem Menschen voller Gnade zuwendet? Und dieser Mensch kann nicht anders als sich diesem Gott voller Gnade zuwenden, sein Wort »Du bist erlöst!« im Glauben ergreifen.

Luther verwirft ausdrücklich die Wortwahl der überkommenen Theologie. Die Gnade ist keine Gabe, die dem Menschen »angeboten und geschenkt« wird und die ein Mensch »haben« kann, »erlangen«, »verdienen« – oder eben nicht verdienen kann. Das ist für Luther undenkbar. Gnade kann keine Wirklichkeit am oder im Menschen sein, sie ist Gottes unverwechselbares, dem Menschen zugewandtes Gesicht. Anders als die Theologie seiner Zeit hat Luther sich niemals darum bemüht, genauer zu beschreiben, was für ihn »Gnade Gottes«

bedeutet. Das hat einen einfachen Grund: Gnade bezeichnet den Kern des Gottesglaubens, mehr noch: Sie ist gleichbedeutend mit Gott. Der katholische Theologe Otto Herrmann Pesch hat den Gebrauch des Wortes »Gnade« in Luthers Schriften genau untersucht und kommt zu dem Ergebnis: »Luther, wenn er von Gnade spricht, meint stets das Ganze, das Generalthema, die Gesamtwirklichkeit der christlichen Existenz.« In der Tat erklärt Luther in einer Vorlesung den Studenten:

> Mit den beiden kleinen Worten Gnade und Friede ist das Wesen der ganzen christlichen Lehre erfasst.

Er geht soweit, dass Gnade geradezu Gott definiert: *In Gott ist lauter Gnade, überschwängliche Gnade, er selbst ist lauter Gnade.* Statt »Reich Gottes« kann Luther auch sagen *Reich der Gnade.*

Das Wort »Gnade« hat für ihn nichts Herablassendes, sondern *sie ist es, die allein wirkt und alles wandelt, der Mensch vertraut sich ihr an, hält sich an sie, steht in ihr, trotzt auf sie, ist ihrer gewiss.*

32. Gott

Gott bleibt für Luther immer ein Rätsel. Er spricht in doppelter Weise von Gott. Zu wissen, dass es einen Gott gibt, ist für Luther ein Ergebnis vernünftigen Denkens. Wer dieser Gott aber ist, das erschließt sich allein dem Glauben. Er zeigt sich andeutungsweise in der Natur, aber begriffen werden kann er allein durch das Wort.

> *Wer einen Gott hat ohne sein Wort, der hat keinen*
> *Gott ... denn er will außerhalb seines Wortes*
> *mit unserem Dichten und Nachdenken unbegriffen,*
> *ungesucht, ungefunden sein.*

Im Wort der Bibel zeigt sich Gott, das äußere, gepredigte Wort des Evangeliums ist die Larve, in der Gott dem Menschen begegnet, nur so wird seine Größe und Majestät erträglich. Luther begreift Gott in doppelter Weise – er ist offenbar im Wort, aber es gibt auch den »verborgenen« Gott. Das heißt: Für Luther geht Gott nicht in seinem Wort auf, er bleibt eine für den Menschen geheimnisvolle Größe hinter aller Offenbarung. Die Absicht, die hinter dieser doppelten Bestimmung Gottes liegt, beschreibt der Theologe Ulrich Barth so: »Luther will mit der Vorstellung des ›verborgenen‹ Gottes sicherstellen, dass jede menschliche Gottesvorstellung, auch die des Offenbarungsglaubens, einen blinden Fleck besitzt. Gott bleibt inmitten seiner Zuwendung immer auch ein Rätsel.«

Warum Gott sich verbirgt und was jenseits des für uns Verstehbaren liegt, bleibt sein Geheimnis. Das gilt auch für die Frage, warum Gott unseren Willen zum Bösen als Schuld ansieht. Luther warnt leidenschaftlich, die Grenze, die unserem Glauben gezogen ist, zu überschreiten. Gott ist jedem Versuch entzogen, sich seiner zu bemächtigen, sei es mit der Logik des Verstandes, sei es mit einem abstrahierten Vaterbild der christlichen Tradition. Auch Luthers doppelter Gottesgedanke vom »verborgenen« und »offenbaren« Gott ist kein Weg, ihn begreifbar zu machen. Was dem Menschen bleibt, ist allein, sich diesem Gott anzuvertrauen. Entscheidend bleibt für ihn, dass Gott unmittelbar als bestimmende Kraft in das Leben einbezogen wird. In der Auslegung des ersten Gebotes erklärt Luther: *Was heißt einen Gott haben oder was ist Gott? Antwort: Ein Gott heißt das, dazu man sich versehen soll alles Guten und Zuflucht haben in allen Nöten; also, dass einen Gott haben nichts anderes ist, denn ihm von Herzen trauen und glauben; wie ich oft gesagt habe, dass allein das Trauen und Glauben des Herzens beide macht, Gott und Abgott. Ist der Glaube und Vertrauen recht, so ist auch dein Gott recht; und wiederum wo das Vertrauen falsch und unrecht ist, da ist auch der rechte Gott nicht. Denn die zwei gehören zu Haufe, Glaube und Gott. Worauf du nun (sage ich) dein Herz hängst und verlässest, das ist eigentlich dein Gott.*

33. Gottesdienst

Der evangelische Gottesdienst in der heutigen Form geht in vielem auf Luther selbst zurück. Die Vielzahl der von Priestern gelesenen Messen, die häufig von Verwandten für Verstorbene bestellt und bezahlt wurden, dazu die zahlreichen Heiligentage hatten dazu geführt, dass die Gottesdienste überhand genommen hatten und zum Überdruss wurden – oft wurden die Messen sogar ohne Besucher gefeiert.

Das ist ein Missbrauch des Gottesdienstes, urteilt Luther. Für ihn ist nicht das sogenannte Messopfer der Mittelpunkt des Gottesdienstes. Er versteht Predigt und Gottesdienst als »Sprachschule des Glaubens«. Zum Gottesdienst gehören darum zwingend die Schriftlesung, die Schriftauslegung, ein Psalmengesang und das Fürbittengebet. Gottesdienste sollen nicht nur am Sonntag gefeiert werden – da soll dann allerdings die gesamte Gemeinde zusammenkommen. Kleine Gemeinschaften sollten sich morgens und abends zu einem einfachen Gottesdienst zusammenfinden – wieder mit Schriftlesung, Auslegung, einem Psalm und einem Fürbittgebet. Es darf keinen Gottesdienst ohne Verkündigung des Wortes Gottes geben. Luther schränkt die Zahl der Heiligengedenktage drastisch ein und begründet es damit, dass die ihnen zugrundeliegenden Legenden unbrauchbar und nicht das Wort Gottes seien.

Die überkommenen Riten treten für Luther hinter das verkündigte Wort zurück. Als er im Oktober 1544 bei der Einweihung der Torgauer Schlosskirche (der erste protestantische Kirchenbau in Sachsen) über das Sabbatgebot predigt, markiert er diesen Wandel deutlich. Die Kirchweihe ist für ihn ein Gleichnis für den neuen Gottesdienst: Der *Weihwassersprengel* ist für ihn das Wort Gottes, die Gemeinde antwortet mit dem *Weihwasser ihrer Gebete und Danksagungen*. Den Sonntag heiligt nicht der Liturg und Prediger, sondern die ganze Gemeinde – ihr Beten und Singen hat den Charakter einer Verkündigung des Wortes Gottes.

Gleichzeitig mit diesem Wandel der Gottesdienstform weitet Luther den Begriff Gottesdienst über den Kirchenraum hinaus in das tägliche Verhalten aus. *So besteht nun Gottes Dienst darin, dass Du Gott erkennst, ehrst, liebst aus ganzem Herzen, all* dein Vertrauen und Zuversicht auf ihn setzt, an seiner Güte nimmer zweifelst, weder im Leben noch im Sterben, weder in Sünden noch im Rechttun ... Denn es ist kein anderer Gottesdienst als allein zu glauben.

34. Gutes tun

Die Aussage *Allein der Glaube an Christus macht den Menschen gerecht vor Gott* hat den Reformatoren den Vorwurf eingebracht, sie legten keinen Wert darauf, dass ein Mensch Gutes tue. Wenn *gute Werke* – so nannten die Reformatoren die guten Taten – nicht zur Seligkeit helfen, warum sollte man sich da anstrengen? Alle Reformatoren, vor allem Luther hat sich streng dagegen verwahrt, dass die Losung *allein der Glaube macht selig* zu einem bequemen Leben führe. Wenn Luther gegen die *Guten Werke* predigt, meint er damit nicht Arbeit und Schaffen, sondern greift die religiöse Auffassung an, die den Menschen daraufhin befragt, ob er seinen Pflichten nachgekommen ist, das heißt insbesondere den frommen Beschäftigungen wie Wallfahrten, Fasten und Beichten, Beten und die Messe besuchen – all das hat nichts mit dem Wesen und der Eigenschaft eines mit Hingabe verrichteten *Liebeswerkes* zu tun. In der Schrift *Von der Freiheit eines Christenmenschen* beschreibt er Ursache und Wirkung eindrucksvoll so: *Darum sind zwei Sprüche wahr: Gute Werke machen nimmermehr einen guten, frommen Mann, sondern ein guter, frommer Mann macht gute Werke. Böse Werke machen nimmermehr einen bösen Mann, sondern ein böser Mann macht böse Werke. Kein Werk macht einen Meister so,* wie das Werk ist. Sondern wie der Meister ist, danach ist auch sein Werk.

Dass ein Mensch anderen Gutes tut, folgt wie selbstverständlich aus der inneren Überzeugung, dass Gott ihn liebt. *So wie der Leib isst, trinkt, verdaut, auswirft, schläft, geht, steht, sitzt und dergleichen natürliche Dinge tut, wozu ihn kein Gesetz zwingt, er braucht ja auch nicht dazu angetrieben werden, sondern er tut es aus sich heraus, jedes einzelne zu seiner Zeit und Gelegenheit, und der Mensch fürchtet dabei weder eine Strafe noch sucht er nach einer Belohnung dafür. Da kann man wohl sagen: Der Leib ist keinem Gesetz unterworfen und handelt dennoch, ja er ist voller Taten, frei und willig. Sieh, eine solche freie, natürliche Willigkeit soll auch in uns sein, Gutes zu tun und Böses zu lassen. Das ist die göttliche Freiheit und Erlösung vom Gesetz, meint der heilige Paulus. So tun Glaube und Liebe allezeit mehr, als der Mensch ausspricht – und alle ihre Dinge sind lebendig, geschäftig, tätig und überfließend. Also soll ein Christ wenig Worte machen, aber viel Gutes tun.*

35. Himmel

In den überkommenen theologischen Begriffen war »Himmel« tatsächlich eine Sphäre, die sich oberhalb der Atmosphäre befand – eine Aussage, die freilich auch immer symbolisch verstanden wurde. Allerdings stand im Vordergrund eine gewissermaßen geografische Vorstellung: Der Himmel war ein Ort, an dem Gott wohnte und die Seligen zu sich nahm.

Als Luther in der Auseinandersetzung mit den reformierten oberdeutschen Theologen darum stritt, in welcher Form Christus beim Abendmahl *gegenwärtig* sei, wurde er gezwungen darzulegen, wie es sein könne, dass Christus zu gleichen Zeiten an völlig unterschiedlichen Orten leiblich *gegenwärtig* sein könne. Seine Lösung: Weg mit der Vorstellung, der Himmel, in den Jesus aufgenommen worden war, sei ein bestimmter Ort. Der Begriff bezeichnet ein theologisches Symbol: Er ist ein »unräumlicher Ort«, der überall dort Wirklichkeit wird, wo das Wort Gottes gepredigt und das Abendmahl gefeiert wird.

Diese Bestimmung befreite Luther dazu, den Himmel als räumlichen Ort den kindlichen Glaubensvorstellungen zuzuordnen. Seinem Sohn Hans kann er darum von der Veste Coburg aus in einem Brief schildern, der Himmel sei für kleine Kinder eine Art Jahrmarkt: *Mein herzlieber Sohn, ich höre sehr gerne, dass Du wohl lernest und fleißig betest. Tue also, mein Sohn und fahre fort. Wenn ich heim komme, so will ich Dir ein schönes Jahrmarktgeschenk mitbringen. Ich weiß einen hübschen, schönen, lustigen Garten. Da gehen viele Kinder hinein, haben goldene Röcklein an und lesen schöne Äpfel unter den Bäumen und Birnen, Kirschen, Mirabellen und Pflaumen; singen, springen und sind fröhlich. Haben auch schöne kleine Pferdlein mit goldenem Zaumzeug und silbernen Sätteln. Da fragte ich den Mann; des der Garten ist, wes die Kinder wären? Da sprach er:* »Es sind die Kinder, die gerne beten, lernen und fromm sind.«

Die kindlichen Vorstellungen freilich haben keine Dauer, meint Luther und seufzt:

Die Kinder haben so feine Gedanken über Gott,
dass er im Himmel sei, dass er ihr Gott sei. Ich wollte,
ich wäre in diesem Kindesalter gestorben.

36. Hexen

Luther teilte kritiklos die Vorstellungen seiner Zeit über Zauber und Hexenwesen. Darin war er ein durch und durch mittelalterlicher Mensch. An keiner Stelle allerdings nimmt er grundsätzlich Stellung zur Frage, wie es sein könnte, dass es Hexen gibt. Doch immer wieder kommt es am Tisch zu Gesprächen über Hexen und deren Unwesen. Als in der Gegend von Wittenberg Gerüchte von Hexen und Zauberinnen umgehen, *die Eier aus den Hühnernestern, Milch und Butter stehlen,* zweifelt er den Wahrheitsgehalt dieser Gerüchte nicht an. Im Gegenteil. Er teilt den Tischgenossen mit, *man solle mit denselben keine Barmherzigkeit haben, ich wollte sie selber verbrennen.*

In einer Predigt bestätigte Luther im Jahr 1526 alle Vorurteile gegenüber dem Treiben der Hexen: *Auch können sie geheimnisvolle Krankheiten im menschlichen Knie erzeugen, dass der Körper verzehrt wird ... Schaden fügen sie nämlich an Körpern und Seelen zu, sie verabreichen Tränke und Beschwörungen, um Hass hervorzurufen, Liebe, Unwetter, alle Verwüstungen im Haus, auf dem Acker, über eine Entfernung von einer Meile und mehr machen sie mit ihren Zauberpfeilen Hinkende, dass niemand heilen kann.*

Die Hexen sind seiner Meinung nach enge Gesellinnen des Teufels und beeinflussen sogar das Wetter. Als eines Nachts ein heftiges Unwetter über Wittenberg niedergeht, sagt Luther am folgenden Tag bei Tisch, das sei ein *Pater-noster-Wetter* gewesen – eines, bei dem man das Vater Unser beten müsste. Dann fährt er fort:

> *Aber zu Pfingsten, da war ein Teufelswetter,*
> *das hat Leute erschlagen! Der Teufel ist ein*
> *böser Geist – so schlimmes Wetter verursacht*
> *er durch sich und seine Hexen.*

Auf die Frage, ob Hexen uns denn schaden könnten, antwortet er: *Sehr wohl, wenn die Engel sie nicht hindern.* Und er berichtet von zwei Hexen, die Wein und Wasser im Haus verderben wollten, die aber von einem Knecht belauscht worden seien. Der habe ihnen gesagt, sie sollten anderswo ihren Zauber ausüben, so sei das Haus verschont geblieben.

Der Lutherbiograf Heinz Schilling widerspricht dennoch der Meinung, Luther sei ein »regelrechter Hexenjäger« gewesen, er habe im konkreten Fall durchaus Gnade vor Recht ergehen lassen. Doch stand für ihn fest: Hexerei ist Abfall von Gott, Hexen und Zauberer begehen mit ihren magischen Praktiken ein Verbrechen gegen die Autorität und Herrschaft Gottes auf Erden.

Luthers Einstellung hatte ernste Folgen. Der Hexenwahn des ausgehenden 16. und der ersten Hälfte des 17. Jahrhunderts erfasste auch und gerade die lutherischen Gebiete des Reiches.

37. Hölle

Wer nicht an Gott glaubt, kommt in die Hölle – eine banale, aber verbreitete Vorstellung in einer Zeit, in der der niederländische Maler Hieronymus Bosch die Höllenqualen der Verdammten gerade so drastisch dargestellt hat. Die Hölle war das Bild schlechthin, das Gottes Richterspruch über die Ungläubigen am Ende der Welt illustrierte.

Luther gebraucht dieses Bild immer wieder, freilich in einer fast litaneiartigen Aufzählung von *Sünde, Tod und Hölle* – was die *Gottlosen* zu erwarten haben. Luther steht offenbar ganz in der Tradition der Kirche, was das Bild der »Hölle« angeht. Allerdings gibt es eine Predigt, in der Luther genauer darüber nachdenkt, was dieses Bild bedeuten könnte. Und er kommt zu einer scheinbar modernen, in seiner Zeit jedenfalls ungewöhnlichen Beschreibung der Hölle. 1522 predigt er über das Gleichnis vom reichen Mann, der dem armen Lazarus Brot verweigert hat, darum in die Hölle kommt und in seinen Qualen den armen Mann *im Schoße Abrahams* erblicken kann. Luther überlegt: Der Schoß Abrahams und der Ort, an dem der Reiche leidet, können nur »unkörperliche Orte« sein. *Es muss ... ein Ort sein, an dem die Seele sein kann und keine Ruhe hat, und dieser Ort kann nicht leiblich sein. Darum denke ich, diese Hölle sei das böse Gewissen, das ohne Glaube und Gottes Wort ist, an dem die Seele begraben ist und bleibt dort bis zum Jüngsten Tag, an dem der Mensch mit Leib und Seele in die richtige Hölle verstoßen wird. Denn wie Abrahams Schoß Gottes Wort ist, in dem die Gläubigen durch den Glauben ruhen, schlafen und bewahrt werden bis zum Jüngsten Tag, also muss da die Hölle sein, wo Gottes Wort nicht ist,*

69

wohin die Ungläubigen durch den Unglauben verstossen sind bis zum Jüngsten Tag: Das kann nichts anderes sein als ein leeres, ungläubiges, sündiges, böses Gewissen.

Das Gericht geschieht jetzt, obgleich es erst in der Endzeit ergeht: Luther hat offenbar die Gegenwart des Glaubens mit der erhofften und geglaubten Zukunft so miteinander verschränkt, dass sie sich gleichzeitig ereignen. Eine ungewöhnliche Deutung der Hölle – und der Seligkeit.

38. Hören

Hören und Glauben sind für Luther oft ein- und dasselbe. Er beruft sich auf Paulus, der an die Gemeinde in Rom schreibt: »Der Glaube kommt aus dem Hören.« Der Lutherkenner Albrecht Beutel ist überzeugt, dass für Luther Wort Gottes, Hören und Glauben nahezu identisch sind, und beruft sich auf Luthers Aussage:

> Wer Gottes Wort hört, also von ihm sich im Herzen
> als dem innersten Ort des Menschen berühren und
> treffen lässt, dem will auch Gott sein Innerstes öffnen.

Hören im übertragenen Sinn als wirkliches Hinhören und Erfasstwerden ist für Luther tatsächlich die Grundhaltung des Menschen schlechthin. Er kann sich dabei auf biblische Texte berufen. Der Brief an die Hebräer, den er in den Jahren 1517/18 auslegt, rückt doch Glauben und Hören so nahe zusammen, dass sie nicht unterschieden werden: Fürwahr, nichts ertönt häufiger bei den Propheten als »höre!«, »höret!«, »sie haben nicht gehört«, »sie haben nicht hören wollen«. Und das nicht zu Unrecht, denn ohne Glauben ist es unmöglich, dass Gott mit uns sein oder mit uns wirken kann, wirkt er doch selbst alles nur durch das Wort. Daher kann niemand an seinem Werk teilhaben, der nicht dem Worte fest verbunden ist; das geschieht durch den Glauben, wie auch ein Instrument am Wirken des Künstlers nur teilhat, wenn es von ihm in die Hand genommen wird.

Das Gehör ist darum für Luther der wichtigste der Sinne für einen Christen – nicht nur deshalb, weil das Wort Gottes nicht anders ergeht als durch Predigten und Reden. In der gleichen Auslegung des Hebräerbriefes bezeichnet Luther die Bedeutung des Hörens als eine scheinbar leichte Lebensführung, die es aber in sich hat: Ein besonders starker Nachdruck und eine besonders ausgeprägte Kraft liegt allerdings auf dem Worte »Ohren«... und Gott beansprucht weder Füße noch Hände noch irgendein anderes Glied außer den Ohren. In so starkem Maße ist alles auf eine leichte Lebensführung abgestellt. Denn wenn du einen Christen fragst, was nötig sei, um den Namen eines Christen zu verdienen, so wird er dir nur antworten können: das Hören auf Gottes Wort, d. h. der Glaube. Die Ohren sind darum die einzigen Werkzeuge eines Christenmenschen; denn er wird nicht durch die Werke irgendeines seiner anderen Glieder, sondern aus dem Glauben gerechtfertigt und als Christ erkannt.

39. Hoffnung

Alles, was in der Welt geschieht, geschieht in Hoffnung. Kein Bauer würde ein Korn säen, wenn er nicht die Hoffnung auf Korn hätte. Kein Mann würde heiraten, wenn er nicht die Hoffnung auf Nachkommen hätte. Kein Kaufmann oder Tagelöhner würde arbeiten, wenn er nicht Gewinn und Lohn erwarten würde. Um wieviel mehr treibt uns die Hoffnung aufs ewige Leben vorwärts. Luther unterscheidet zwischen der alltäglichen, »natürlichen« Hoffnung und der christlichen Hoffnung. Die menschliche Hoffnung richtet sich darauf, dass etwas (Gutes) eintritt, was sich in der Gegenwart abzeichnet und was die Erfahrung lehrt. Er hofft, dass nichts eintritt, was diese Hoffnung zunichte machen könnte. Es gibt einen berechenbaren Zusammenhang zwischen der natürlichen Gegenwart und der erhofften Zukunft. Die Hoffnung zieht eine Linie zwischen der Gegenwart und der (erwartbaren) Zukunft.

Anders steht es um die christliche Hoffnung. Diese Hoffnung widerspricht dem gegenwärtig wirklichen Zustand des Menschen. Diese Hoffnung besteht nicht in einem Fürwahrhalten und Sich-Sehnen nach einer (erwarteten, noch ausstehenden) Zukunft, sondern sie urteilt in Wahrheit über die Gegenwart, indem sie diese in einem anderen Licht erscheinen lässt. Luther gebraucht das Wort »Hoffnung« in gleicher Weise wie das Wort »Glauben«: Es ist das Vertrauen auf den Gott, der den Sünder annimmt und als Erlösten ansieht, obwohl er noch ganz in Schuld und Sünde gefangen ist. Der Mensch ist de facto Sünder, aber in der Hoffnung schon ein

Gerechter. In der Vorlesung über den Römerbrief beschreibt Luther den energischen Widerspruch der Hoffnung gegen die Wirklichkeit der Gegenwart: Ist der Mensch nun etwa vollkommen gerecht? Nein, sondern zugleich Sünder und Gerechter; Sünder in Wirklichkeit, aber Gerechter aus der Einschätzung und gewissen Zusage Gottes, dass er ihn von der Sünde befreien wolle, bis er ihn endgültig heilt. Dadurch ist er vollkommen gesund in der Hoffnung, de facto aber ein Sünder.

Es geht Luther darum, die erhoffte Zukunft bereits in der Gegenwart als Wirklichkeit zu begreifen. Wir sind in der Hoffnung Erlöste, obgleich wir in der unerlösten Welt leben. In einer frühen Predigt hat Luther versucht, dieses Ineinsfallen von Gegenwart und (geglaubter, erhoffter) Zukunft so zu beschreiben: Es ist notwendig, wenn wir das Wort aufnehmen, dass wir uns selbst verlassen und entleeren und nichts nach unserem Sinn zurückbehalten, sondern ihn ganz ablegen, und so werden wir ohne Zweifel das, was wir aufgenommen haben, und so trägt der Herr in diesem Leben alle durch das Wort seiner Kraft, noch nicht aber in Wirklichkeit. Keinem Glaubenden wird hier schon gegeben, was er glaubt, sondern das Wort ist ein Glaube an Künftiges, und daran hängend und darin gefangen sind wir ganz Wort.

40. Hochzeit

Am Abend des 13. Juni 1525 ereignet sich im Augustinerkloster zu Wittenberg eine kleine Sensation. Der 41-jährige Martin Luther heiratet die 16 Jahre jüngere Nonne Katharina von Bora. Die kleine Zeremonie folgte der damals üblichen Weise. Fünf Trauzeugen waren anwesend, als die beiden sich die Ehe versprechen – unter ihnen das Malerehepaar Lukas Cranach, das Katharina nach ihrer Flucht aus dem Kloster Nimbschen bei sich aufgenommen hatte. Nach dem Jawort sprach ein Geistlicher ein Gebet, dann präsentierten sich die beiden auf dem Brautlager. Damit war die Ehe geschlossen. Eine regelrechte kirchliche Trauung gab es damals nicht, auch nicht in der »altgläubigen« Kirche. Ein Eheversprechen reichte aus, es musste nicht einmal ein Priester anwesend sein. So gab es damals neben den offiziellen Ehen zahlreiche »heimliche« Ehen – auch unter Geistlichen und Bischöfen. Mit den heimlichen Ehen (immer zuungunsten der Frauen) wollten die Reformatoren Schluss machen. Ebenso schaffte die Reformation die kirchliche Ehegerichtsbarkeit ab, die zahlreiche Gründe für eine Scheidung zuließ und der Kirche die Kontrolle über das Eheleben ihrer Gläubigen erlaubte.

Luthers Gegner triumphierten. Spottverse machten die Runde. *Der Luther ist Luzifers Bruder. Und er spielt mit der Ritze von seynem Luder. Das Ri Rum Ritz …* Der Nonnenräuber Luther wird zu einem geflügelten Wort der antireformatorischen Kampfpropaganda. *Jetzt sieht man, worum es ihm eigentlich geht.* Worum es Luther bei der Hochzeit wirklich ging, machte er vier Jahre nach seiner eigenen Hochzeit deutlich. Er verfasste ein *Traubüchlein*, das Pfarrer und Prediger ermunterte, ein Brautpaar mit einem Dankgottesdienst in das neue Leben zu begleiten. *Weil man bislang mit Mönchen und Nonnen bei ihrer Einsegnung – obwohl ihr Stand und Wesen eine ungöttliche und von Menschen erdachte Sache ist, die keinen Grund in der Bibel hat – einen solchen Aufwand getrieben hat, um wieviel mehr sollen wir diesen göttlichen Stand ehren und auf herrliche Weise segnen, dafür beten und ihn schmücken?* Denn obwohl es ein weltlicher Stand ist, so kann er sich doch auf Gott berufen und ist nicht von Menschen erfunden oder gestiftet wie der Stand der Mönche und Nonnen. Darum sollte er geistlich hundertmal höher geachtet werden als der klösterliche Stand.* Die kirchliche Trauung war geboren, die katholische Kirche hat sie erst nach Luther verpflichtend gemacht und ihrer Lehre gemäß zum unauflöslichen Sakrament erklärt.

41. Juden

Martin Luther ist Juden in seinem Leben wohl nur zweimal begegnet. Er wusste nicht viel über ihr reales Leben, waren sie doch aus Mitteldeutschland so gut wie verbannt. 1523 schrieb er *Dass Jesus Christus ein geborener Jude sei*. Luther zeigte für die damalige Zeit bemerkenswerte Ansichten: Stereotype Vorwürfe gegen die Juden, darunter den des Wucherzinses, weist der Reformator entschieden zurück. Dies seien alles *Lügendinge*. Es sei vielmehr das lieblose Verhalten der Christen gewesen, dass die Juden bisher abgehalten habe, sich zu bekehren, wofür Luther durchaus Verständnis hat: *Wir haben* sie behandelt, *als wären es Hunde*, schreibt er und unterstreicht, auch er wäre an ihrer Stelle *eher eine Sau denn ein Christ geworden*. Durch diese Schrift Luthers entstand in jüdischen Kreisen die Hoffnung auf einen Neuanfang.

Doch 20 Jahre später, 1543, erscheint ein im Duktus völlig anderer Text Luthers. Schon der Titel *Von den Juden und ihren Lügen* verrät, dass es sich um eine Schmähschrift handelt. Luther schlägt darin der Obrigkeit vor, dass sie jüdische Synagogen und Schulen *mit Feuer anstecken*, ihre Häuser *zerbrechen* und die Juden *wie die Zigeuner in einen Stall tun* soll. Zudem sollten ihnen ihre Gebetbücher genommen werden, worin *Abgötterei* gelehrt werde, ihren Rabbinern solle verboten werden, zu unterrichten. Diese so unfassbaren, unerträglichen Äußerungen können nicht mit seiner Verbitterung, dass Juden nicht zur Kirche der Reformation übertraten, erklärt oder durch den »Zeitgeist« gerechtfertigt werden. Sie werfen auf ihn und seine Reformation einen Schatten und sollten die Kirche, die sich nach ihm benannte, auf einen entsetzlichen Irrweg führen.

Historiker streiten nun: War das Antijudaismus, also theologisch bedingt, weil Luther so enttäuscht war, dass Menschen jüdischen Glaubens in seinen reformatorischen Überzeugungen nicht Christus erkannten als den, der im hebräischen Teil der Bibel vorhergesagt war? Oder war es Antisemitismus, der Juden bestimmte rassische Merkmale zuschrieb? Mit Zeitgeist allein jedenfalls kann Luthers Haltung nicht gerechtfertigt werden. Hier gibt es eine Lerngeschichte der reformatorischen Kirche. Heute gilt: Jesus war Jude und wo Juden angegriffen werden, haben Christen für sie einzutreten.

42. Jüngstes Gericht

Der Begriff »Jüngster Tag« für das Gericht Gottes am Ende der Zeit ist im Deutschen gebräuchlicher als die Worte »Gottesgericht«, »Tag des Gerichts« oder »Letztes Gericht«. Er geht unmittelbar auf Luther zurück, der ihn in seiner Übersetzung der Offenbarung des Johannes von 1545 verwendet. Für Luther hat der »Jüngste Tag« die Züge einer Drohkulisse eingebüßt. Das Bild von einem furchtbaren göttlichen Gericht am Ende aller Tage ist für jeden, der an Christus glaubt, ein Trugbild. Darum kann er an seine Frau Käthe vom *lieben Jüngsten Tag* schreiben und sagen, man müsse sich nach ihm sehnen und um seine Beschleunigung bitten, denn er ist in Wahrheit der Tag der Zukunft, der Tag der Erlösung und der Erscheinung Christi. Für den Glaubenden wird am Jüngsten Tag die *neue Kreatur*, die er immer schon im Glauben an Christus war, offenbar. In einer Predigt versucht Luther zu erklären, was man wissen kann über diesen Tag. Er liegt nicht in ferner Zukunft, sondern:

> *Jeder Mensch erreicht im Tod*
> *seinen Jüngsten Tag.*

Wann dieser Tag kommen wird? Diese Frage ist falsch gestellt, meint Luther. Jenseits des Todes kann man nicht mehr in Zeitvorstellungen denken. *Hier muss man die Zeit aus dem Sinn tun und wissen, dass in jener Welt nicht Zeit noch Stunde ist, sondern alles ein ewiger Augenblick.* Warum ein Christ diesen Tag herbeisehnen kann und nicht fürchten muss, dafür führt Luther zwei Gründe an. Der erste: Das *Gericht* sei jetzt schon in der Welt, es ist nämlich nichts anderes, als dass sich ein Mensch selber erkenne, richte und verdamme, und das ist die wahre Demütigkeit und Erniedrigung seiner selbst. Dies erkennend, bittet der Mensch um Gnade und Hilfe von Gott, der sie ihm gewährt und ihn zu einem Gerechten erhebt. Wer auf diese Weise erkannt hat, dass Christus nicht der strenge Richter am Jüngsten Tag ist, sondern dass er vom Tode uns auferwecken und uns wieder zurechtbringen wolle, dass wir wieder hören, sehen, reden und anderes können ... und uns selig machen. Die aber nicht glauben, die wird er richten.

Der katholische Theologe Otto Hermann Pesch ist überzeugt, dass Luther sich hier entscheidend von der traditionellen Theologie abgrenzt. Freispruch und Gericht habe er »in ihrer paradoxen Identität« dargestellt. Im gleichen Augenblick, in dem ein Mensch das Gericht über ihn erkennt, wird er freigesprochen. Der Glaubende lebt allein aus der göttlichen Gnade, aber sie ist ihm nur im Glauben zugänglich, erst am Jüngsten Tag wird sie offenbar. Darum kann ihn das Wissen, dass ein Jüngstes Gericht auf ihn zukommt, nicht erschrecken. Vielmehr erwarten sie (die Gläubigen) es mit Freude und wünschen, es möge bald kommen. Was für die anderen das höchste Entsetzen bedeutet, ist für sie also die größte Freude ... (es ist) die vollkommene Erfüllung dessen, was man ersehnt und gewollt hat.

43. Katechismus

Als Luther in den Jahren 1526 und 1527 durch Kursachsen reiste und Gemeinden besuchte, die sich zum »neuen Glauben« zählten, wurde er bitter enttäuscht. Er musste nämlich feststellen, dass *auf vielen Dörfern die Kirche ein elendes Bild abgibt, sie lernen nichts, wissen nichts, (sie haben) keine Ahnung vom Beten und christlichen Handeln, das Bekenntnis sei weithin unbekannt – als wenn die Religion einfach beliebig sei.* Selbst die Prediger und Pfarrer waren oft nicht gut ausgebildet, manche waren zuvor Handwerker oder Bürger ohne jede theologische Ausbildung. Das musste anders werden. Er hatte doch darauf gesetzt, dass jeder sich frei entscheiden könnte, welchem Glauben er folgen würde. Vor allem sollte jeder wenigstens wissen, was und woran er glaubt. Aber was tun? Luther nahm sich ein Beispiel an den frühen Jahren des Christentums. Damals wurden Menschen, die getauft werden wollten, über die Grundzüge des christlichen Glaubens belehrt. »Catechizare« – mit diesem Wort benennt das Neue Testament dieses Belehren – ein mündlicher Taufunterricht.

Damals ein wirksames Mittel, warum sollte es jetzt nicht auch die Missstände beseitigen helfen? In den Jahren 1528 und 1529 fasste Luther zwei Katechismen ab, die aus seinen eigenen Predigten über den christlichen Glauben hervorgingen. In insgesamt über 50 Abschnitten erklärte er – meist im Frage-Antwort-Schema – die Grundzüge des christlichen Glaubens, und zwar die Zehn Gebote, das apostolische Glaubensbekenntnis, das Vater Unser sowie die Taufe und das Abendmahl. Zunächst dachte er, man müsse diese Schriften in den Gemeinden verbreiten – eine Art »Laienbibel« für den Gebrauch zu Hause. Im ersten Vorwort zum »Großen Katechismus« (1529) schreibt er: *Diese Predigt soll Kinder und einfältige Menschen unterrichten. Darum heisst sie seit alters »Katechismus«, aus der griechischen Sprache abgeleitet bedeutet das soviel wie »Kinderlehre« – das, was jeder Christ mindestens wissen soll. Wer das nicht weiß, könnte nicht unter die Christen gerechnet und zu keinem Sakrament zugelassen werden. So wie man einen Handwerker, der sein Handwerk nicht beherrscht, hinauswirft und für untüchtig hält. Deswegen soll man die Stücke, die in den Katechismus und die Kinderpredigt gehören, auswendig lernen lassen und sie mit Fleiß üben. Deswegen soll auch jeder Hausvater wenigstens einmal pro Woche seine Kinder und sein Gesinde abhören, was sie davon wissen und gelernt haben.*

Ein Jahr später wendet er sich an die Prediger und Pfarrer, die offenbar ihre Gemeinden miserabel führen. *Wir haben einen nicht geringen Anlass, den Katechismus so voranzubringen: Wir sehen nämlich, dass viele Prediger und Pfarrer sehr säumig sind und ihr Amt und ihre Lehre verachten – die einen wegen ihrer übergroßen Gelehrtheit, andere aber aus bloßer Faulheit und Bauchsorge. Sie verhalten sich den Glaubensinhalten gegenüber so, als wären sie nur um ihres Bauches willen Prediger oder Pfarrherr und müssten nichts tun als ihr Einkommen zu gebrauchen, solange sie leben.*

44. Katholisch

Die Bezeichnung »katholisch« als Konfession ist ein Kind des 18. Jahrhunderts. Erst in der Aufklärungszeit hat sich die Bezeichnung »katholisch« für die römisch-katholische Kirche eingebürgert. Das Wort selbst wird schon im 2. Jahrhundert verwendet, und zwar soll es klar machen, dass es nur eine christliche Kirche auf der Welt gibt, die alle Christen umfasst. Außerhalb dieser »allgemeinen« Kirche gibt es kein Heil. Luther selbst verstand sich als »katholisch« im Sinne des Glaubensbekenntnisses. Dort heißt es »Ich glaube an die heilige, katholische Kirche«, wobei das Wort »katholisch« soviel bedeutet wie »allgemein«. Seinen Glauben nennt Luther eine *catholica fides,* einen katholischen Glauben. Die Kirche alten Glaubens nennen die Reformatoren meist *papistisch* oder *päpstlich*. In seinen frühen Vorlesungen betont Luther, er sei vom *katholischen Glauben* niemals abgefallen. In einer Lesepredigt aus dem Jahr 1527 nennt er die Kirche *eine einige, heilige Catholica oder Christliche Kirche.*

Als die protestantischen Theologen und Landesfürsten im Jahr 1530 auf dem Reichstag in Augsburg ihre eigene Position gegenüber den Vertretern des Papsttums darstellen, sprechen sie von einem *katholischen Bekenntnis* und stellen auch nach der Zurückweisung ihres Glaubensbekenntnisses durch den Kaiser fest, dass sie die altkirchlichen Glaubensbekenntnisse ebenso wie die päpstliche Kirche anerkennen, darin gründe die *einmütige Übereinstimmung des katholischen christlichen Glaubens.*

Auch die reformierten Theologen halten lange an diesem Verständnis des »katholischen« = allgemein christlichen Glaubens fest. Heute ist der Begriff »katholisch« im deutschen Sprachraum der geschützte Name für die römisch-katholische Kirche.

45. Kirche

Über eine besondere Kirchenlehre hat Luther nicht nachgedacht. Für ihn stand fest, dass *wir die alte Kirche sind, ihr aber, die papsttreuen von uns, das ist, von der alten Kirche, abtrünnig geworden seid und eine neue Kirche angerichtet habt.* Den Begriff »Kirche« meidet Luther gern, er weist ihn als missverständlich und wenig sachgerecht zurück. Als Gemeinde, was Luther gern anstelle des Begriffs »Kirche« verwendet, ist sie nicht in erster Linie die sichtbare Organisation und Institution, sondern eine Gemeinschaft von Gläubigen, die *in aller Welt* lebt – wie in Wittenberg, so auch *unter Papst, Türken, Persern, Tattern und allenthalben.* Freilich ist diese Kirche, die sich nicht menschlichen Leistungen verdankt, sondern ein Werk des Heiligen Geistes ist, nicht für jedermann sichtbar. Sie ist eine *verborgene Wirklichkeit.* Damit hat Luther eine lang überlieferte Unterscheidung wiederbelebt: Es gibt neben der sichtbaren Organisation eine unsichtbare Kirche. Luther gebraucht das Wort »unsichtbare Kirche« nicht gern, er spricht lieber von der *verborgenen Kirche.* Zwar kann jeder die Menschen sehen, die sich zur Kirche zählen. Doch das, was die Kirche ihrem Wesen nach ausmacht, dass sie eine *Gemein-*

schaft der Glaubenden ist, das ist dem menschlichen Urteil nicht zugänglich. Nur Gott kann in die Herzen der Menschen sehen und feststellen, wer wirklich zu den Glaubenden und damit zur Kirche gehört:

> Gott will es vor der Welt verborgen halten, wenn er mit der Kirche, jener seiner allerbegehrtesten Braut, schläft.

Die sichtbare Kirche auf Erden erscheint armselig, töricht, ohnmächtig und ärgerlich, sie ist vielfach dem Spott und der Verfolgung ausgesetzt. Zudem steht sie auch unter der Macht der Sünde, ihre geistliche Wirklichkeit ist verdeckt unter das Versagen, die Missbräuche, Ärgernisse, Spaltungen – allein die Augen des Glaubens können die unter all diesen Schandmalen die wahre Kirche erkennen.

Voraussetzung für das Leben der Kirche ist ihre Abhängigkeit vom Evangelium. Selbstverständlich ist Luther bewusst, dass es die Kirche ist, die das Evangelium verkündigt, und dass Menschen nur zum Glauben kommen können, weil die Kirche da ist und das Evangelium unter die Leute bringt. Darum nennt er die Kirche gelegentlich auch die Mutter, die einen jeden Christen hervorbringt und durch das Wort Gottes trägt. Doch diese Mutterrolle ist genau eingegrenzt. Sie gibt das äußerliche Wort Gottes weiter, indem sie predigt, tauft und das Abendmahl feiert, doch dass die Herzen der Menschen ... zum Glauben kommen, das schafft Gott selbst bzw. der Heilige Geist. Unser Amt heisst und soll nicht sein machen und wandeln, sondern allein darreichen und geben. Denn ein Pfarrer oder Prediger macht nicht das Evangelium, und durch sein Predigen oder Amt wird sein Wort nicht zum Evangelium. Denn das Evangelium ist vorher da und muss vorher da sein, das hat unser Herr Christus gemacht.

46. Konfirmation

Mit der gegenwärtigen Praxis der Konfirmation hätte Luther wohl Schwierigkeiten gehabt. Er kannte deren Vorgänger, das »sacramentum confirmationis«, das sogenannte Sakrament der Bestätigung. Unter einer Handauflegung gab ein Priester einem als Kind getauften Christen, der zu seiner Taufe nicht »Ja« sagen konnte, in einer besonderen Zeremonie den Heiligen Geist »zur Kräftigung«. Warum er dieses Sakrament ablehnte: Es kann nicht mit der Bibel als von Jesus eingesetzte Segenshandlung begründet werden, außerdem muss die Taufe nicht noch einmal bekräftigt werden. In ihr wurde einem Menschen ohne sein Zutun die göttliche Gnade ganz geschenkt. Für Luther war der Glaube schon die *vollkommene Taufe*.

Allerdings schien es Luther wie Ulrich Zwingli und Johannes Calvin sinnvoll und notwendig, dass Kinder und Jugendliche, bevor sie zum Abendmahl gingen, darin unterrichtet werden, was der Glaube bedeutet. Im Jahr 1523 urteilt Luther in einer Predigt:

> *Wir missbilligen nicht, dass jeder Pastor bei den*
> *Kindern den Glauben zu erfahren sucht und dass er,*
> *wenn dieser gut und rein ist, die Hände auflege*
> *und konfirmiere.*

An einen regelrechten Unterricht für Kinder und Jugendliche – etwa im Sinne seines Katechismus – hat Luther nicht gedacht. Sein Katechismus war für alle Christen gedacht, damit sie ihren Glauben, die Predigt und die Sakramente verstehen lernen. Mit einer »Prüfung« im Sinn der Konfirmandenprüfung konnte Luther schon deswegen nichts anfangen, weil er beim Zugang zum Abendmahl jeden Zwang vermeiden wollte. Die Gnade Gottes kann man nicht an Bedingungen knüpfen. Er hielt es sogar für möglich, dass jemand nur einmal in seinem Leben – ja vielleicht sogar niemals – auf die Würdigkeit hin geprüft zu werden braucht, ob er am Abendmahl teilnehmen darf.

In Genf wurde allerdings bereits im Jahr 1536 unter dem Einfluss Calvins viermal im Jahr unmittelbar vor den Abendmahlssonntagen eine öffentliche Lehrbefragung von Zehnjährigen durchgeführt. Die Kinder wurden der Gemeinde namentlich vorgestellt und legten mit ihren Antworten ein Bekenntnis ab. Anschließend wurden sie zum Abendmahl eingeladen. Eine geordnete kirchliche Handlung wurde die Konfirmation erst durch den Straßburger Reformator Martin Bucer. Er hatte sich gegen die Bewegung der Täufer durchsetzen müssen, die überzeugt waren, dass nur Erwachsene zu Christen getauft werden dürften, weil nur sie auch ein gültiges, bewusstes Bekenntnis zum Christentum ablegen könnten. Bucer versuchte, in der Frage der Säuglingstaufe zu vermitteln. Heraus kam folgender Kompromiss: Die Kindertaufe wurde zwar beibehalten. Die Heranwachsenden aber sollten zu einem Katechismusunterricht geschickt werden, *damit man die Kinder, nachdem sie im christlichen Glauben so weit gelehret, auf ihr Bekenntnis [...] bestätigt.* Dadurch könnten sie nachträglich ein »Ja« zu ihrer Taufe sagen. Somit entsprach Bucer dem Anliegen der Täufer, ohne die Säuglingstaufe aufzugeben: Die evangelische Konfirmation war geboren.

47. Kinder

Noch bevor Luther heiratete und seine Kinder zur Welt kamen, hatte er die spätmittelalterliche Hochschätzung von Kindern übernommen. Sie waren Teil der Familie, die für ihre Zukunft sorgen musste. Luther hat die Hochschätzung der Kinder theologisch untermauert. Das Verhältnis der Eltern zu ihren Kindern bilde den Glauben an Gott ab. Eltern zu sein ist in seinen Augen eine Berufung, ein *gottgefälliges Amt*, wie es in seiner Sprache heißt:

> *Gott befiehlt Vater und Mutter so das Amt,*
> *wobei man lernen und gleich in den Spiegel sehen*
> *kann, wie Gott gegen uns gesinnt sei;*
> *nämlich wie des Vaters Herz zu den Kindern,*
> *so steht Gottes Herz zu dir.*

Darum sei die Erziehung der Kinder eine Aufgabe, für die die Eltern vor Gott Rechenschaft ablegen müssen: *Es ist wohl auch wahr: dass Vater und Mutter an den Kindern den Himmel und die Hölle verdienen können, wenn sie ihnen gut oder schlecht vorstehen. Denn Vater und Mutter müssen sorgen und bedenken, wie sie die Kinder leiblich versorgen mit Essen und Trinken, Schuhen und Kleidern, und auch an der Seele, dass sie recht Gott erkennen lernen durch sein Wort.*

Kinder sind – darin unterscheidet Luther sich von der geltenden kirchlichen Lehre – nicht der »Ehezweck«, Ehe und Sexualität haben auch ohne ihren unmittelbaren Bezug auf Kinder einen eigenen Wert. Aber Kinder bereichern das Leben der Eltern ungemein: *Beischlafen ergibt sich leicht ... aber Kinder sind das lieblichste Pfand in der Ehe, sie binden und erhalten das Band der Liebe. Es ist die beste Wolle am Schaf.*

Insgesamt sechs Kinder brachte Käthe Luther zur Welt – in einer Zeitspanne von nur acht Jahren. Ende 1527: Elisabeth, Mai 1529 Magdalene (Lieblingstochter Lenchen), November 1531 Martin, Anfang 1533 Paul. Als letzte im Dezember 1534 Margarete. Wie in allen Familien im 16. Jahrhundert war auch der Tod allgegenwärtig. Zwei Töchter starben im Kindesalter – Elisabeth schon mit neun Monaten. Auch Lenchen verlieren die Luthers im Kindesalter. Sie starb am 20. September, gerade 13 Jahre alt. Der Verlust schmerzte tief. Noch drei Jahre später klagt der Vater, dass ihn der Tod Magdalenes plage und er sie nicht vergessen könne.

48. Krieg und Frieden

Luther war kein Pazifist. Doch war ihm bewusst, dass ein *Prediger im geistlichen Amt* immer verpflichtet sei, zum Frieden aufzurufen und zu raten. Wer Krieg anfängt, der ist im Unrecht, und es ist recht und billig, dass derjenige geschlagen oder doch zuletzt bestraft werde, der zuerst das Messer zückt. Ein Christ muss dem Frieden immer nachjagen, und die Aussage Jesu »Selig sind die Friedfertigen« zeigt: Wer Gottes Kind sein will, der solle nicht allein weder Unfrieden noch Krieg anfangen, sondern stets zum Frieden helfen und raten, auch wenn es genügend Ursachen gebe, Krieg zu führen.

Dieses *Raten zum Frieden* ist alles, was ein Christ tun kann, um den Krieg zu verhindern. Wenn nur alle Menschen Frieden halten wollten! *Doch die Welt ist böse, die Leute wollen nicht Frieden halten, rauben, stehlen, töten, schänden Weib und Kind, nehmen Ehre und Gut.* Dieser Gewalt kann nur mit Gewalt entgegengetreten werden. Der Gewalt wehren und den Frieden schaffen, ist Aufgabe der Landesherren und Fürsten. Dieses Ziel können sie oft nicht ohne Krieg erreichen.

In den Bauernkriegen tadelt Luther die aufständischen Bauern – nicht, weil sie zu Unrecht gegen die ihnen zugemutete Erniedrigung rebellierten, sondern weil sie ihre Erhebung falsch begründeten: dass ihre Herren das Evangelium nicht predigen lassen wollten. Das hieße Unrecht mit Unrecht vergelten. Einen »heiligen Krieg« im Namen des Evangeliums verwirft Luther stets – selbst gegen die anrückenden Türkenheere. Die Gesellschaft muss vor jeder Gewalt geschützt werden, diese Aufgabe stellt Gott jeder weltlichen Obrigkeit. Deren höchste Aufgabe aber ist es, stets den Frieden zu erstreben, notfalls mit kriegerischen Mitteln.

Gelegentlich erwähnt Luther ein Wort seines Landesvaters Friedrich des Weisen als wegweisend. Auf Beleidigungen, bei denen andere zu den Waffen gegriffen hätten, habe er erwidert: *Ich will (den Krieg) nicht anfangen. Muss ich aber Krieg führen, so sollst du sehen: Das Aufhören soll bei mir stehen.*

Es sind Gründe des Gottvertrauens und der Vernunft, mit denen Luther vor dem Krieg warnt, fasst der Historiker Heinrich Bornkamm in einer eingehenden Analyse Luthers Haltung zu Krieg und Frieden zusammen. Doch »es sind Gründe des gottgesetzten Rechts, mit denen er den Krieg in begrenztem Maße, als Verteidigung gegen den Aufruhr oder gegen den Angriff von außen rechtfertigt«.

49. Legenden

1. Eine Legende rankt sich um Luthers Liebesleben. Er sei ein Mann mit einem »munteren Liebesleben« gewesen. Das Gerücht spielte vor allem in der Konfessionspolemik bis ins 19. Jahrhundert eine Rolle. Anlass war die Tatsache, dass Luther 14 Nonnen aus dem Kloster Nimbschen brieflich geraten hatte, das Kloster zu verlassen und zu heiraten. Nach deren Flucht hatte er für ihr Unterkommen gesorgt. Luther hat allerdings auch selbst Öl ins Feuer gegossen. Seinem Wittenberger Freund und Kollegen Georg Spalatin hatte er – selbst noch unverheiratet – in einem Brief zur Heirat ermuntert und dabei scherzhaft bemerkt: *Was du übrigens über meinen Ehestand schreibst, so wundere dich bitte nicht, dass ich keinen führe, wo ich doch ein so vielbesprochener Liebhaber bin.* In Wahrheit hatte Luther sich gar nicht ernsthaft um die Liebe einer Frau bemüht. Seinen Junggesellenstand erklärt er Spalatin mit einem Schuss Galgenhumor: *Ich habe nämlich drei Frauen zugleich gehabt und so wacker geliebt, dass ich zwei verloren habe; sie werden sich mit anderen verloben. Und die dritte halte ich kaum noch mit dem linken Arm, und sie wird mir vielleicht auch bald noch entrissen werden.* Tatsächlich hatte Luther sich wohl Hoffnung auf eine Hei-

rat gemacht, war aber wohl derart zögerlich, dass die Auserwählten andere Kandidaten vorzogen.

2. Zu den populärsten Legenden zählt der Anschlag der 95 Thesen an die Tür der Schlosskirche zu Wittenberg. Diese Tür war zwar so etwas wie »das Schwarze Brett« der Universität. Aber es existiert weder ein urschriftlicher »Zettel« von Luthers Hand noch ein »Urdruck«, der angeschlagen worden sein könnte. Mit Sicherheit aber wurden die Thesen verschickt und gedruckt und verbreiteten sich rasch. In kleinerem Format abgeschrieben, als Plakat gedruckt und ins Deutsche übersetzt. Luther sagte später: *In vierzehn Tagen lief (die Thesenreihe) durch ganz Deutschland, denn alle Welt klagte über den Ablass.*

3. Der Überlieferung nach hat Luther auf dem Reichstag in Worms im Jahr 1521, als er vor dem Kaiser stand und aufgefordert wurde, seine Schriften zu widerrufen, seine Rede mit den Worten beendet: *Hier stehe ich, ich kann nicht anders. Gott helfe mir. Amen!* Dieser Schluss ist nicht zu belegen. Wahrscheinlich hat Luther seine Rede mit den Worten beschlossen: *Wenn ich nicht durch Zeugnisse aus der Heiligen Schrift und klare Vernunftgründe überzeugt werde – denn weder dem Papst noch den Konzilien allein kann ich glauben, die offenkundig geirrt und sich widersprochen haben –, so bin ich an mein Gewissen und das Wort Gottes gebunden. Ich kann und will daher nichts widerrufen, weil gegen das Gewissen etwas zu tun weder sicher noch heilsam ist. Gott helfe mir.*

4. Um die sogenannte reformatorische Entdeckung ranken sich seltsame Legenden. Luther hat im Rückblick von einer

schlagartigen Erleuchtung gesprochen, die ihn beim Studium des Römerbriefes des Paulus in seinem Turmstübchen überkommen habe. Wann dieses »Turmerlebnis« eingetreten ist, ist bis heute nicht klar zu datieren. Reichlich grotesk mutet der Versuch an zu behaupten, dieses Turmstübchen sei nicht Luthers Arbeitszimmer gewesen, sondern das *heimliche Gemach*, das heißt der Abtritt der Mönche. Diese (übrigens ernsthaft erwogene) Vermutung geht auf die Abkürzung in der Handschrift eines Lutherschülers zurück, der bei der Aufzeichnung der Tischrede Luthers über das Erlebnis ein l. c. hinzugesetzt hat, was als *loco cloaca* = auf dem Abtritt gedeutet wurde.

5. Teufelserscheinungen bei der Bibelübersetzung: Als Luther in Schutzhaft auf der Wartburg ausharren musste, soll ihn eines Nachts der Teufel geweckt haben. Er habe ein Tintenfass auf ihn geworfen, worauf der Teufel verschwand. Luther selbst berichtet, er sei auf der Wartburg vom Teufel belästigt worden. Doch er habe *den Teufel mit Tinte vertrieben*. Diese Aussage bezieht sich jedoch auf seine Bibelübersetzung, mit der er gegen die Macht des Teufels angegangen sei, nicht auf eine einmalige nächtliche Auseinandersetzung. Der Tintenfleck, den man Besuchern noch bis ins 20. Jahrhundert in der Lutherstube auf der Wartburg zeigte, wurde als scheinbarer Beweis nachträglich angebracht und oft nachgefärbt.

6. Wie steht es mit dem vielzitierten Wort vom Apfelbäumchen? Die Vermutungen über dessen Quelle sprudeln! Der Bogen spannt sich von der anthroposophisch beeinflussten Anleitung zu naturgemäßer Gartenpraxis in Fritz Cas-

paris Buch »Fruchtbarer Garten« (1948), der den Pfälzer Theologen und Aufklärer Friedrich Christian Lauckhardt (1758–1822) als Verfasser nennt, bis zu einem »Schwabenvater« des 19. Jahrhunderts (dem Lehrer Johannes Kullen aus Hülben), von Cicero bis Rabbi Johanan ben Zakkai, vom »Wort im Geiste Luthers« über ein »zivilreligiöses Bekenntniswort« bis hin zu einem Wort, das »mit Religion nichts zu tun hat«. Martin Schloemann dürfte den Beweis erbracht haben, dass sich der erste sichere Beleg in einem internen Rundbrief des Bad Hersfelder Pfarrers Karl Lotz vom 5. Oktober 1944 an die Vertrauensleute der Bekennenden Kirche von Kurhessen-Waldeck findet, der so abschließt: »Lassen Sie sich bitte mein Schreiben angesichts der gespannten Lage unseres Volkes nicht verdrießen. Wir müssen uns wohl nach dem Luther-Wort richten: ›Und wenn morgen die Welt unterginge, so wollen wir heute unser Apfelbäumchen pflanzen.‹«

7. Auch das gerne zitierte, gemeinprotestantisches Empfinden aussprechende Wort »Ecclesia semper reformanda« – »Die Kirche muss immer wieder reformiert werden« – findet sich nicht bei Luther. Anklänge finden sich im mystischen Spiritualismus des 17. Jahrhunderts. Nach Theodor Mahlmann haben erst Wilhelm Schneemelcher und Karl Gerhard Steck 1952 diese Formel als Festschrifttitel geschaffen: »Ecclesia semper reformanda. Festschrift Ernst Wolf«. Karl Barth hat dann für ihre schnelle Verbreitung gesorgt, als er sie 1953 in seine »Kirchliche Dogmatik« übernahm.

50. Leiden

Körperliche Krankheiten und Niedergeschlagenheit haben Luther ein Leben lang gepeinigt. Oft war er verzweifelt, an einen Freund schrieb er einmal mit Blick auf seine ihn so belastende chronische Verstopfung: *Es presste mir fast die Seele aus. Nun sitze ich da wie eine Wöchnerin, aufgerissen, verletzt und blutig.* Der Berliner Mediziner Hans-Joachim Neumann hat die lange und wechselvolle Krankheitsgeschichte von Luther untersucht und kommt zu dem Ergebnis: »Halbwegs gesund war der Luther allenfalls bis zu seinem 38. Lebensjahr«, danach plagten ihn viele Leiden: schwere Verdauungsstörungen, Gallen- und Nierenkoliken, Schwindel und Kreislaufattacken, Gicht, Rheuma und Angina-pectoris-Anfälle zermürbten Luther so, dass er sich gegen Ende seines Lebens kaum noch auf den Beinen halten konnte.

Die Ursache für seine Leiden hatte Luther rasch ausgemacht: Es war – der Zeit gemäß – der Satan. *Er macht bei mir seine Badereise,* scherzte Luther einmal, *der Satan hängt an mir mit gewaltigen Seilen und zieht mich mit Schiffstauen in die Tiefe.* Selbst die Hilfe Gottes, die er oft als einzige Rettung in Schmerzen und Leiden gepredigt hat, schien ihm fern: *Christus steht mir bei und hängt an mir an einem dünnen Faden – und ich an ihm.*

In seinen Schriften lässt er von der eigenen, oft erlebten Verzweiflung wenig spüren. So belehrt er die Studenten in Wittenberg in seiner Auslegung der Psalmen: *Die Glaubenden verzweifeln nicht ... sie gehen zwischen den leiblichen Übeln (das heißt den Leiden dieses Lebens) und seinem Guten mitten hindurch ... denn* sie wissen, dass man sich über keines von beiden weder freuen noch betrüben darf, weil es, wie sie wissen, Gottes Gaben sind oder die Hinwegnahme der Gaben Gottes. Sie hängen aber fest am Geber selbst. Es sei leicht, in guten Zeiten Geduld zu haben, ja: Geduld, die sich nur im Glück bewährt, ist keine. Mit einem Bild versucht Luther dem Leiden eine Perspektive zu verleihen: Hinter den Leiden, die uns gleich von ihm scheiden wollen wie eine Wand, ja eine Mauer, steht er (Gott) verborgen und sieht doch auf mich und lässt mich nicht. Denn er steht und ist bereit in Gnaden zu helfen, und durch die Fenster des dunklen Glaubens lässt er sich sehen.

Wenige Monate vor seinem Tod verleiht Luther seinen Leiden einen nachträglichen Sinn. Vor Freunden sagt er:

> Meine Leiden waren für mich eine gute Lehre.
> Sie haben mich demütig gemacht, das heißt, sie haben
> die Sucht nach Ruhm und Eitelkeit verscheucht.

51. Liebe

Bei Liebe denkt Luther gewiss zuallererst an Gott, der für ihn ein glühender Backofen voller Liebe ist. Wer in seinem schriftlichen Werk den Suchbegriff »Liebe« eingibt, findet 1104 Fundstellen – ein absoluter Begriff für sein Denken also. Zum einen geht es dem Reformator um die Liebe Gottes, die er schließlich als ihn allumfassend, zugewandt, bedingungslos entdeckt. Nicht, was er tut, ist entscheidend, sondern Gottes Liebe zu ihm. Das erfährt er als befreiend. Er muss nicht ständig gute Werke tun, überlegen, was er beichten sollte, sondern er kann frei leben und ist mitten in diesem Leben bei Gott aufgehoben und gehalten.

Und dann entdeckt er auch die Liebe zu den Menschen. Zu seiner Frau Katharina, die er erst mit 41 Jahren heiratet, und zu seinen sechs Kindern. Als eine davon, Magdalene, stirbt, schreibt er, auch wenn er an die Auferstehung glaube:

... doch die Macht der Liebe so groß ist, dass wir es ohne Schluchzen und Seufzen des Herzens ... nicht vermögen.

Luther wird zum Familienvater, für den sich in der Liebe der Menschen zueinander die Liebe Gottes spiegelt – mitten im Alltag der Welt.

Die Liebe Gottes, die er nach und nach entdeckt, ist für den Reformator ein theologischer Durchbruch. Er kann sich von dem zornigen Donnergott verabschieden, der ihn umgetrieben hat in immer neues Beichten, der ihn in Angst versetzt hat, sein Leben vor Qualen im Fegefeuer schützen zu müssen. Mit der Entdeckung des liebenden Gottes, der – so Jesus im Gleichnis – den gescheiterten Sohn bedingungslos wieder aufnimmt, kann er wohl auch die Liebe zu den Menschen, zu Frau und Kindern entdecken.

Wiederum bleibt der Apostel Paulus für ihn entscheidend, wenn er schreibt: »Denn ich bin gewiss, dass weder Tod noch Leben, weder Engel noch Mächte noch Gewalten, weder Gegenwärtiges noch Zukünftiges, weder Hohes noch Tiefes noch eine andere Kreatur uns scheiden kann von der Liebe Gottes, die in Christus Jesus ist, unserm Herrn.« (Römer 8, 38 f.)

Für Luther wird die Liebe zum entscheidenden Faktor, der die Grenze zwischen Leben und Tod überschreiten kann. Nicht wir schaffen etwas, um aufzuerstehen, ein Leben in Gottes Zukunft zu finden. Nein, es ist die Liebe Gottes, die das möglich macht – bedingungslos und somit ohne Vorbedingungen. Daher kann auch die Liebe von Menschen die Grenze in Gottes Zukunft hinein überschreiten – und wohl nur sie.

52. Lieder

Als Mitte 1523 zwei Protestanten in Brüssel wegen Ketzerei verbrannt werden, ist Luther tief erschüttert. Ohnmächtiger Zorn packt ihn, aus der Not der Verzweiflung aber befreit er sich auf erstaunliche Weise: Er schreibt ein protestantisches Propagandalied, es erzählt die Geschichte der beiden »Glaubenszeugen«, die ihren Glauben an Gott mit dem Leben bezahlen mussten. Es beginnt mit den Worten:

> *Ein neues Lied wir heben an – das walt Gott,*
> *unser Herre – zu singen was Gott hat getan*
> *zu seinem Lob und Ehre.*

Noch im gleichen Jahr schreibt der Dreißigjährige ein zweites Lied, *Nun freut euch, liebe Christengmein* – ein Lied, das in zehn Versen in Form einer Ballade von der Erlösung durch Christus erzählt. Luther hatte eine schöpferische Seite an sich entdeckt, die ihm eine neue Perspektive eröffnete: Er schreibt deutsche Kirchenlieder für den Gemeindegesang, übersetzt altlateinische Hymnen ins Deutsche, erfindet sogar eine ganz neue Art von Liedern, die sogenannten Psalmlieder, in denen er Psalmtexte umformt. Das bekannteste ist wohl die Umdichtung des 46. Psalms *Ein feste Burg ist unser Gott*. Schon 1524 entdeckt er, dass Lieder dem neuen Glauben eine ungeahnte Chance eröffnen: Die Gottesdienstgemeinden können sich grundlegende Glaubenseinsichten »ersingen«. Er schreibt die ersten sogenannten Katechismuslieder, in denen er Aspekte des christlichen Glaubens dichterisch verarbeitet. In den gleichen Jahren übersetzt er lateinische liturgische Gesänge ins Deutsche und bearbeitet sie für den Gemeindegesang. Einige von ihnen sind bis heute Klassiker des evangelischen Gottesdienstes, etwa *Verleih uns Frieden gnädiglich* und *Erhalt uns Herr, bei deinem Wort*. Schon 1525 erscheint ein erstes Gesangbuch in Wittenberg, vier Jahre später das erste Gesangbuch, das Luther geordnet und herausgegeben hat. Zu vielen Liedern hat Luther selbst eingängige Melodien geschrieben. Das neue Gesangbuch der Evangelischen Kirche verzeichnet 33 Lieder mit Texten und/oder Melodien Luthers.

Mit den Komponisten seiner Zeit stand Luther in enger Verbindung. Dem Nürnberger Musiker Ludwig Senfl, den er um eine Melodie zu einem seiner Lieder bat, schilderte er die wundersame Wirkung der Musik: *Ich urteile frei heraus und scheue mich nicht zu behaupten, dass nach der Theologie keine Kunst sei, die der Musik gleichzustellen wäre, weil sie allein nach der Theo-*

logie das schenkt, was allein die Theologie schenkt: ein ruhiges und fröhliches Herz. Dafür ist ein klarer Beweis, dass der Teufel, der Vater der traurigen Sorgen und des unruhigen Umtreibens, bei der Stimme der Musik ebenso flieht wie beim Wort der Theologie.

53. Lutherisch

Ursprünglich war die Bezeichnung »lutherisch« ein Spott- und Schimpfname. Geprägt wurde er wahrscheinlich vom Theologen Johannes Eck, der 1520 in einem Streitgespräch mit Luther dessen theologische Ansichten als lutherisch bezeichnete. Er wollte damit deutlich machen, dass es bei den Protesten gegen die Lehre der Kirche und ihre Vertreter lediglich um die abweichende Meinung eines einzelnen Mannes gehe, der zwar Anhänger gewinnen konnte, aber aus dem Bannkreis der Ketzerei niemals herauskommen werde.

Die polemische Absicht hat Luther schon 1522 erkannt. Er hat sich heftig dagegen zur Wehr gesetzt, dass irgendein Mensch seinen Glauben lutherisch nennen könnte. Ich bitte, man wolle von meinem Namen schweigen und sich nicht lutherisch, sondern einen Christen nennen. Was ist Luther? Wie käme ich armer, stinkender Madensack dazu, dass man die Kinder Christi nach meinem nichtswürdigen Namen nennt? ... Lasst uns tilgen die parteiischen Namen und uns Christen heißen.

Gelegentlich hat Luther die Bezeichnung selbst gebraucht – allerdings nicht als Bezeichnung eines besonderen Glaubens.

Selbst die schriftlichen Zeugnisse der Reformationszeit bezeichnen die neue Bewegung nicht als *lutherisch*, sondern verwenden *evangelisch* oder *Kirchen der Augsburger Konfession*. Bis ins 17. Jahrhundert vermieden die protestantischen Gemeinden den Zusatz »lutherische Kirche« als Selbstbezeichnung. Sie wollten nicht als Sonderkirche gelten – vermutlich war dies auch der Grund, warum man im 16. Jahrhundert auf den Reichstagen die Selbstbezeichnung *lutherisch* konsequent vermieden hat.

54. Lutherrose

Als Martin Luther während des Reichstages zu Augsburg den Sommer des Jahres 1530 auf der Veste Coburg verbrachte – wegen der über ihn verhängten Reichsacht durfte er das kursächsische Gebiet nicht verlassen –, besuchte ihn der sächsische Kurprinz Johann Friedrich. Als Gastgeschenk überreichte er ihm einen Siegelring mit Wappen, mit dem Luther von da an seine Briefe siegelte. An einen Freund schrieb er, dieses Wappen fasse seine Theologie treffend zusammen: *Ein Merkzeichen meiner Theologie. Das erste sollte ein Kreuz sein im Herzen, das seine natürliche Farbe hat, damit ich mir selbst Erinnerung gebe, dass der Glaube an den Gekreuzigten uns selig macht. Denn so man von Herzen glaubt, wird man gerecht (Brief an die Römer Kapitel 10, Vers 10). Auch wenn das Kreuz schwarz ist, tötet und soll auch weh tun, belässt es doch das Herz in seiner Farbe, verdirbt seine Natur nicht, das heißt: es tötet nicht, sondern es erhält lebendig.»Denn der Gerechte wird aus Glauben leben, aber aus dem Glau-*

ben an den Gekreuzigten (Brief an die Römer Kapitel 1, Vers 17)«. Dieses Herz aber soll mitten in einer weißen Rose stehen, um anzuzeigen, dass der Glaube Freude, Trost und Friede gibt und (uns) sofort in eine weiße, fröhliche Rose setzt – nicht wie die Welt Friede und Freude gibt, darum soll die Rose weiß und nicht rot sein; denn weiß ist die Farbe der Geister und aller Engel. Diese Rose steht im himmelfarbenen Feld, dass solche Freude im Geist und Glauben ein Anfang der himmlischen, zukünftigen Freude ist, jetzt schon darin begriffen und durch Hoffnung erfasst, aber noch nicht offenbar. Und um dieses Feld einen goldenen Ring, dass diese Seligkeit im Himmel ewig währt und kein Ende hat, auch köstlich ist über alle Freude und Güter hinaus, wie das Gold das edelste, köstlichste Erz ist.«

Die Lutherrose wird heute als Symbol von lutherischen Kirchen verwandt und findet sich auch im Wappen einiger Orte.

55. Marienfrömmigkeit

Auf den ersten Blick scheint es, als spalte die Marienfrömmigkeit die christlichen Kirchen bis heute tief. »Die Marienfrömmigkeit gehört zu unserer katholischen Identität«, sagte vor kurzem der Bamberger Bischof. Sie sei eine geistliche Quelle für Verkündigung und Mission, Gottesdienste und Caritas. Die protestantischen Kirchen scheinen dagegen von einer Marienfrömmigkeit weit entfernt. Jedenfalls in Deutschland, wo heute nur die Selbständige Evangelisch-Lutherische Kirche die Marienfeste liturgisch begeht.

Diese protestantische Abstinenz gegenüber Maria war den Reformatoren fremd. Luther hat bewegende Predigten über Maria gehalten, Zwingli räumte der Marienfrömmigkeit durchaus ihren Platz im reformierten Glauben ein, nur Calvin lehnte jede Marienverehrung ab. Allerdings schränkten alle Reformatoren die Bedeutung Marias für den Glauben scharf ein. Maria war für sie keine *Himmelskönigin* oder gar *Mittlerin*, die Gott gnädig stimmte. Sehr wohl aber galt Maria für Luther als eine *Zeugin des Glaubens*, auch hielt er an der Vorstellung der *jungfräulichen Geburt* Jesu fest. 1521 hält er bewegende Predigten über den Lobgesang der Maria, der im Lukasevangelium überliefert wird. Im sogenannten Magnificat rühmt Maria sich der Tatsache, dass »Gott seine Magd in ihrer Niedrigkeit angesehen« hat. Luther sieht darin ein Zeugnis der Demut und des wahren Glaubens:

> *Nicht brüstet sich Maria eines Verdienstes,*
> *kein Werk, sie bekennt sich nur als Mutter und*
> *Empfängerin guter Werke, nicht als Täterin.*

Es geht nicht um verordnete Demut und Zurücknahme, nicht um falsche Bescheidenheit. Maria zeigt, dass Demut vor Gott entscheidend darin besteht, die eigenen Gaben und Begabungen wahrzunehmen und sie zu nutzen, die eigene Rolle für sich und vor anderen zu erkennen und sich über die Gaben und Begabungen der anderen zu freuen. Sie spricht ohne Überheblichkeit darüber, ja, mit Dank und Glück vor anderen Menschen, und Gott sei deswegen zu loben: »Denn er, der Mächtige, hat Großes an mir getan.«

56. Mystik

Die Begegnung mit Gott ist unmittelbar und für jeden Menschen möglich. Angesichts des ewigen Gottes muss die Vernunft kapitulieren, weil sie ihn nicht zu fassen vermag. Der Glaubende fühlt sich überwältigt, ja »hingerissen« von Gott. Und – das haben die Mystiker immer verkündet: Dieses Hingerissensein ist nicht auf die Kirche angewiesen, zu ihm führt keine kirchliche Lehre. Man kann gut verstehen, dass Luther von den Grundlagen der Mystik fasziniert war. Den großen deutschen Mystiker Johannes Tauler hat er verehrt, im Jahr 1516 gab er eine bedeutende mystische Schrift des Spätmittelalters, die »Theologie Deutsch«, heraus.

Manche Theologen behaupten, die sogenannte reformatorische Entdeckung Luthers sei in Wahrheit ein mystisches Erlebnis gewesen. In der Tat spricht Luther in der Erinnerung von einem Gefühl, das ihn gepackt habe, als sei er ins Paradies eingetreten. Andererseits hat er immer davor gewarnt, sich bloß auf das Gefühl, Gott zu begegnen, zu verlassen. Das kann leicht dazu führen, dass man die Kontrolle über sich und seine Grenzen und aus den Augen verliert, dass der Glaube auch eine feste Form braucht, die allen Gläubigen gemeinsam ist. Falsch wäre es allerdings, beide Aspekte des Glaubens, das unmittelbare Erleben und den in Worte gefassten, mitteilbaren Inhalt des Glaubens, gegeneinander auszuspielen.

Luther hat ein originelles Bild gezeichnet, das beide Seiten miteinander aussöhnen könnte. Er spricht vom *fröhlichen*

Wechsel zwischen Christus und dem Gläubigen. In der reformatorischen Grundschrift *Von der Freiheit eines Christenmenschen* beschreibt er diesen Wechsel. Zunächst geht es ihm darum, dass der Glaube an Gottes Wort die menschliche Seele ergreift. *Nun sind alle Gottesworte heilig, gerecht, friedsam, frei und voller Güte. Darum – wer dem Wort mit rechtem Glauben anhängt, dessen Seele wird mit ihm vereinigt, so ganz und gar, dass alle Tugenden des Wortes auch der Seele zu eigen werden.* Dann steigert Luther dieses Bild: *Der Glaube gibt nicht nur soviel, dass die Seele dem göttlichen Wort gleich wird, aller Gnade voll, frei und selig, sondern er vereinigt auch die Seele mit Christus wie eine Braut mit ihrem Bräutigam. Aus dieser Ehe folgt, wie Paulus sagt, dass Christus und die Seele ein Leib werden (Brief an die Epheser Kapitel 5, Vers 30). So werden auch beider Güter, Glück, Unglück und alle Dinge gemeinsam; das, was die Seele hat, wird Christus zu eigen; das, was Christus hat, das ist der gläubigen Seele zu eigen ...*

57. Ökumene

Ein unangemessenes Stichwort für die Zeit Luthers, so scheint es. Jedenfalls wenn man die Vision einer umfassenden Kirchengemeinschaft als Ökumene bezeichnet. Luther wollte keine Kirche gründen, sein Ziel war es, die Kirche auf den nach seiner Meinung rechten Weg zurückzubringen. An einem Ausgleich mit der alten Kirche war er nicht interessiert. Anders sah dies sein Weggefährte Philipp Melanchthon. Für den Reichstag in Augsburg (1539) arbeitete er mit anderen Theologen zusammen ein *Bekenntnis* aus mit dem Ziel, sich mit den päpstlichen Theologen zu einigen. Auch der Kaiser wollte unbedingt eine Spaltung vermeiden, ebenso die Landesfürsten. Selbst die päpstlichen Theologen hofften auf eine Einigung.

Allen Erwartungen zum Trotz gab es keine Verständigung, auch nicht in den folgenden Jahren, in denen immer wieder Gespräche einen Ausgleich zwischen den theologischen Parteien schaffen sollten. Luther selbst nahm an keinem dieser Gespräche teil. Von weiteren ökumenischen Versuchen hielt er nichts, vor allem, nachdem eine Einigung mit den Reformierten im Marburger Gespräch gescheitert war. Je älter er wurde, umso zweifelhafter schien ihm eine Verständigung. Selbst die Hoffnung auf ein Konzil hat er aufgegeben. Allein auf Gottes Wort könne man sich verlassen – falls das anerkannt werde, werde man zu einem Konzil kommen, denn auch die Protestanten schätzten die Kirche so hoch ein, *dass sie bereit sind unterzugehen, ehe denn der Kirche sollte ein Leid oder Schaden wiederfahren.*

Der Historiker Heinz Schilling sieht darin eine endgültige Absage: »Gewiss, das war ein Angebot, mit der römischen Kirche zusammen an Reformen zu arbeiten, allerdings unter der Voraussetzung, dass diese bereit war, sich selbst abzuschaffen.« Der reformierte Theologe und langjährige Generalsekretär des Ökumenischen Rates der Kirchen, Lukas Vischer, urteilt, dass Luther – dazu genötigt, der Vater einer Kirche zu werden – aufgrund der geschichtlichen Situation eine »ökumenische« Dimension der Kirche gar nicht wahrnehmen konnte. Doch er kritisiert: »Hat Luther nicht zu rasch vorausgesetzt, dass sich der Dienst der Kirche auf die Verkündigung des Wortes beschränken lasse? Hat er nicht zu wenig mit der Möglichkeit gerechnet, dass die Kirche ihrer Verkündigung durch gemeinsamen Widerstand Ausdruck geben müsse?«

58. Ordination

Alle Christen sind Priester, aber nicht jeder ist ein Pfarrer. Oder eine Pfarrerin. Verkürzt drückt dieser Satz aus, dass die Reformation die Kirche grundlegend erneuern wollte. Künftig sollte es keinen Unterschied mehr zwischen (geweihten) Priestern und sogenannten Laien geben. Das Argument war einfach: Alle Christen gehören dem geistlichen Stand an, weil sie alle getauft sind, also das grundlegende Sakrament des Christentums empfangen haben. Doch wenn alle Priester sind: Wer um Himmels Willen war dann ein Prediger im Sinne der Reformation? In der Zeit des Umbruchs war diese Frage nicht leicht zu klären. Es gab einerseits viele Prediger, die zum Priester geweiht waren und sich nun dem *neuen Glauben* zugewandt hatten. Daneben aber gab es zahlreiche Prediger, die sich zwar auf Luther beriefen, die aber wenig oder gar keine Kenntnis der Bibel oder der christlichen Tradition hatten. Wurde es nicht bitter nötig, eine deutliche Grenze zu ziehen zwischen den allgemeinen Christen und denjenigen, die besonders dazu berufen waren zu predigen und zu unterrichten?

Die Lösung war einfach. Es sind zwar alle Christen durch die Taufe Priester, aber nicht alle haben dieses Amt, das ihnen auf besondere Weise übertragen wird. Schon vor 1530 entwickelten die Reformatoren Kirchenordnungen, die festlegten, dass es eine offizielle Berufung zum Amt des Predigers geben sollte. Im Augsburger Bekenntnis legte man fest: (Art. 14)

... dass niemand in der Kirche öffentlich lehren oder predigen oder die Sakramente reichen soll ohne ordentliche Berufung.

Diese Berufung mussten die Reformatoren als eine besondere kirchliche Zeremonie einsetzen, damit allen Menschen klar war, dass der Prediger, der ihre Gemeinde mit Gottesdiensten versorgte, mit Fug und Recht als *evangelischer* Prediger bezeichnet werden konnte. Es bürgerte sich ein, einen Prediger dann der Gemeinde vorzustellen, wenn er den ersten Gottesdienst leitete. Diese evangelische Ordination (aus dem lateinischen Wort »ordinatio« = Verordnung, Beauftragung) schafft keinen grundsätzlichen Unterschied zwischen »Klerus« (Priesterstand) und den »Laien«, auch wenn die Reformation von einem *geistlichen Stand* spricht. In der Folge entwickelte sich eine gottesdienstliche Zeremonie, bei der für den künftigen Prediger und Pfarrer gebetet und als äußeres Zeichen ihm die Hand aufgelegt wurde – eine symbolische Erinnerung an Jesus, der das gleiche tat, als er seine Jünger aussandte.

59. Papst

Als Luther im Jahr 1517 die 95 Thesen verfasst, spricht er dem Papst in Rom noch eine besondere Autorität zu. Der Papst würde, wenn er nur wüsste, was mit den Ablassbriefen in Deutschland geschehe, diesen Missbrauch sofort abstellen. Luther irrt, drei Jahre später trifft ihn der Bann des Papstes. Nun setzt er sich zur Wehr. Er verteidigt sich nicht, sondern greift das Papsttum grundsätzlich an. Von einer göttlichen Einsetzung des Papsttums könne nach der Bibel nicht die Rede sein, schreibt er 1520 im Sermon *Von dem Papsttum zu Rom wider den hochberühmten Romanisten zu Leipzig*. Sie sei eine menschliche Erfindung. Wenn Jesus zu Petrus sagt: »Du bist der Fels, auf den ich meine Kirche bauen will«, hat er den Apostel Petrus nicht über alle anderen Apostel erhoben, und der Fels, auf dem er seine Kirche baut, ist der Glauben. Selbst das Argument, Christen bräuchten ein Oberhaupt, um eine Einheit zu bilden, sei falsch. *Also muss es eine offensichtliche, lästerliche Lüge wider den Heiligen Geist sein, wenn gesagt wird, dass die äußerliche Einigkeit unter der römischen Gewalt Erfüllung einer göttlichen Ordnung sei ... Allein Christus ist hier das Haupt und er regiert allein. Er braucht auch keinen Statthalter. Taufe, Sakrament und das Evangelium machen die Kirche.*

Die Auseinandersetzung mit dem Papsttum eskaliert in den folgenden Jahren, Luther greift immer gröber an. Erst verurteilt er die Messe und deren Mittelpunkt, die Eucharistie. Darin verkehre die Kirche den Sinn des Glaubens. Sie empfängt das Opfer Christi nicht, sondern stiftet Christus als Opfer, indem sie Messen kauft und verkauft. Dies bedeute eine Selbstversöhnung des Menschen mit Gott. Die Konsequenz ist klar:

Wo die Messe fällt, so liegt auch
das Papsttum darnieder.

Als sich die Wege der altgläubigen Kirche und der Reformation endgültig trennen, verliert Luther jede Zurückhaltung. Der Papst ist für ihn der Antichrist der Endzeit, er hat das Evangelium verkehrt, verführt die Christen durch seine falsche Lehre. *Er hat sich aus eigener Hoffart, Vermessenheit und Frevel in solche Höhe gesetzt. Danach hat er sich mit Gottes Wort geschmückt, dadurch Gott schändlich gelästert, sich zum Abgott gemacht.*

60. Pfarrfrau

Als Luther im Jahr 1525 die frühere Nonne Katharina von Bora heiratete, war Sparsamkeit angesagt. Luther bezog zwar ein jährliches Gehalt für seine Professorentätigkeit, aber das reichte nicht aus, um ein größeres Haus zu führen. Luther verstand von Geld wenig, weigerte sich auch, für seine Bücher Geld zu nehmen oder von den Studenten Hörergelder zu verlangen. Katharina schuf in wenigen Jahren Abhilfe: Sie wirtschaftete sparsam, kaufte Land und Vieh zu, erwarb einen Weinberg und richtete eine kleine Braustube ein. Der Haushalt wuchs, bis zu zehn Hausangestellte versorgten die Familie und die zahlreichen Besucher. Dazu kamen die Studenten – wie viele Professoren betrieb Luther eine Burse, in der zwischen zehn und zwanzig Studenten wohnen und speisen konnten. Im Jahr 1542 zählte der Haushalt der beiden Luthers zu den wohlhabendsten in Wittenberg.

Neu an dieser Konzeption war, dass Ehe und Haushalt als vollwertiger *Beruf* gelten. Luther hängt dennoch an der überkommenen Minderbewertung der Frau: Sie ist weniger klug als der Mann und hat kein *Regiment* in Kirche und Politik zu führen. Doch hat Luther entschieden zwei Vorurteile bekämpft, die das klerikale Bild der Frau bis dahin bestimmten: Die Frau sei für das geistliche Leben gefährlich (sexuell hungrig), und sie sei nicht geistlich gesinnt. Luther vertritt die gegenteilige Meinung: Die Frau ist dem Mann auch geistlich gewachsen. Mann und Frau sind zwar nicht gleich belastbar, aber gleich belastet und als Geschöpfe im Wert gleich.

Der lutherische Professoren- und Pfarrhaushalt war zum größten Teil das Verdienst von Luthers Frau. Aber nicht das macht das eigentlich Neue, Ungewohnte des »Pfarrhauses« aus – auch nicht die besonderen Gäste und die Diskussionsrunden am Abend. Das umstürzend Neue war, dass im Zentrum des ganzen Hauses ein Ehepaar mit Kindern, eine ganze Familie lebte. Das bedeutete einerseits, dass die großen christlichen Feste wie Ostern, Pfingsten und Weihnachten nicht nur in den Gottesdiensten besonders begangen, sondern auch in den Familien gefeiert wurden. Luther komponierte Lieder für die Familienweihnachten, verlegte den traditionellen Geschenktag für Kinder vom Nikolaustag auf Weihnachten. Das ganze Haus war zugleich öffentlich und privat, eine Herberge für Glaubensflüchtlinge ebenso wie für Gäste und Studenten, ein geistliches Zentrum der Gemeinde und zugleich ein Heim für die Familie.«In dieser Hinsicht kann das Lutherhaus dann auch durchaus als Modell für das spätere evangelische Pfarrhaus gelten«, fasst der Historiker Heinz Schilling in seiner Biografie Luthers das Besondere am Lutherhaus zusammen, schränkt aber zugleich ein, mit einer Pastorenfamilie im modernen Sinn habe Luthers Haushalt nichts gemein. Immerhin aber zeichnet sich durch die Reformation ein neues Modell des Pfarrhauses ab.

61. Politik und Kirche

Der moderne Gegensatz von Staat und Kirche war den Reformatoren unbekannt. Luther geht davon aus, dass die Obrigkeit zwar weltlich, säkular ist, doch ist sie seiner Meinung nach auch christlich. Wie jeder andere Mensch ist also auch der Fürst ein Mitglied der Christengemeinde, er hat die Pflichten eines Landesvaters. Die vornehmste aller Fürstenpflichten ist seiner Meinung nach die Sorge für das Seelenheil der Untertanen, dazu sollte er die wahre christliche Lehre aufrichten, erhalten und schützen. Die christliche Predigt und darum die Kirche insgesamt sorgt durch die Verkündigung des Wortes Gottes dafür, dass die Menschen fromm und gläubig werden, sich im Sinne der Nächstenliebe gut verhalten. Aber die wahren Christen, die keiner besonderen Weisung bedürfen, sind in der Minderzahl gegenüber dem großen Haufen der Schein- und Nichtchristen. Darum *hat die weltliche Obrigkeit dafür zu sorgen, dass diejenigen, die durch das Wort nicht wollen fromm und gerecht werden zu ewigem Leben, dennoch gedrungen* werden fromm und gerecht zu sein vor der Welt. Geistliches und weltliches Regiment (so nennt Luther die Lebensbereiche des kirchlichen und staatlichen Gemeinwesens) stehen beide unter demselben göttlichen Gesetz, beide dienen sie demselben höchsten sittlich-religiösen Zweck.

Allerdings hält Luther es für unmöglich, die Welt nach dem Evangelium zu regieren: *Wenn nun jemand die Welt nach dem Evangelium regieren und alles weltliche Recht und Schwert aufheben und vorgeben wollte, sie wären alle getauft und Christen … Lieber, rate, was würde derselbe machen? Er würde den wilden, bösen Tieren die Bande und Ketten lösen … sie würden unter dem christlichen Namen die evangelische Freiheit missbrauchen, ihre Büberei treiben und sagen, sie seien keinem Gesetz noch Schwert unterworfen … Diesen müsste man sagen: Ja, freilich ist's wahr, dass Christen um ihrer selbst willen keinem Recht noch Schwert untertan sind noch seiner bedürfen; aber sieh zu und mache die Welt vorher voll von guten Christen, ehe du sie christlich und evangelisch regierst … Doch die Welt und die Menge sind und bleiben Unchristen, obgleich sie alle getauft sind und Christen heißen. Aber die Christen wohnen, wie man sagt, fern voneinander. Darum verträgt es sich nicht in der Welt, dass ein christliches Regiment allgemein eingesetzt wird über alle Welt. Darum muss man die beiden Regimente sorgfältig voneinander unterscheiden und beide bleiben lassen; eins, das fromm macht, das andere, das äußerlich Frieden schafft und bösen Werken wehrt. Keins reicht ohne das andere aus in der Welt.*

Aus dieser Haltung erklärt sich die Einsicht Luthers, dass die Obrigkeit von Gott gegeben sei. Sie hat zwar ihre Grenzen, sie darf die Gewissensfreiheit des einzelnen Christen nicht einschränken. Doch sie hat – im christlichen Sinn – für Ordnung zu sorgen. Dazu gehörte in der Reformationszeit durchaus eine einheitliche Gottesdienstordnung, eine durch weltliche Gesetze geregelte Kirchenordnung und Visitationen. So setzt sich die Reformation einerseits von der geistlichen Macht der Landesfürsten ab, wendet sich ihnen aber gleichzeitig zu, weil nur durch ihre *Nothilfe* der geordnete Aufbau einer Kirchenorganisation im Sinn einer Volkskirche möglich war.

62. Predigt

Am Vorabend der Reformation wurde in den Kirchen oft gepredigt, besonders in den Städten. Allerdings wurden häufig keine biblischen Texte ausgelegt. Erzählungen, Allegorien, allerlei Erbauliches war in den gesonderten Predigtgottesdiensten von den Kanzeln zu hören. Das Wort Gottes aus der Bibel auslegen: das ist für die Reformatoren der einzig wahre Zugang zum Glauben. Darum rücken sie die Predigt im Gottesdienst in den Mittelpunkt: Sie ist das *Hauptgnadenmittel*, dem stillen oder lauten Lesen biblischer Texte weit überlegen. Das Lesen der Bibel ist zwar für jeden unerlässlich. Doch stellt sie nur das historische Ereignis vor Augen, der Mensch kann sich dem Heilsgeschehen entziehen.

Das Evangelium aber ergeht immer nur als *mündliches Geschrei*. Erst das mündliche, unmittelbar gesprochene Wort konfrontiert die Zuhörer so stark mit dem Wort Gottes, dass es ihn nicht nur an Christus und sein Leben und Handeln erinnert, sondern seine Heilstat unmittelbar auf den Zuhörenden bezieht, sie ihm direkt zuspricht. Er kann nicht ausweichen. Das mündliche Wort im Augenblick der Predigt trifft die Glaubenden und lässt sie erkennen, dass die frohe Botschaft ihm und ihr ganz persönlich gilt. Aus dem bloß historischen Erscheinen Christi wird eine unmittelbare. Begegnung mit Christus, im Wort der Predigt ist Christus selbst gegenwärtig. Luther geht in einer seiner Tischreden so weit, dass er die Predigt für wichtiger hält als den Vollzug der Sakramente. Die Predigt ist die lebendige Stimme des Evangeliums, durch den Mund der Predigenden ergeht Gottes Wort.

In zahlreichen Texten hat Luther immer wieder eingeschärft, dass Gott allein in der Predigt *greifbar* wird und die frohe Botschaft nahebringt. Die neue, einzigartige Hochschätzung der Predigt hat in der Folge die Autorität der Prediger wesentlich erhöht. Auch wenn grundsätzlich jeder getaufte Christ zum Predigen berufen ist, so sollen doch nur die von der Kirche Berufenen predigen. Der hohe Anspruch, *das lebendige Wort Gottes* zu verkünden, hat in der Folge viele Geistliche belastet. Luther selbst hat gelegentlich bekannt, dass er als Prediger sein Amt nur unter großen Anfechtungen erfüllen könne.

63. Priestertum, allgemeines

Schon vor Luther wurden die Geistlichen oft hart angegriffen. Zu viele hatten sich vom Ideal eines geistlichen Menschen entfernt, sie lebten auf Kosten anderer, brachen das Gelübde der Keuschheit, die Klöster beuteten Bauern und einfache Leute aus. So heftig die Kritik auch war, der geistliche Stand blieb unangefochten privilegiert. Der Missstand der *verwelt-lichten* Priester allerdings war es nicht, der Luther dazu veranlasste, den Priesterstand anzugreifen. Seine Grundthese war revolutionär. Jeder Christ hat durch die Taufe einen unmittelbaren Zugang zu Gott. Er benötigt keinen Vermittler, der Priester als Verwalter und Spender der Heilsmittel (der Eucharistie, der Beichte und der Absolution) war überflüssig. Darum ist für Luther ein besonders privilegierter geistlicher Stand das Ergebnis einer Fehlentwicklung: *Man hat es erfunden, dass Papst, Bischöfe, Priester und Klostervolk der geistliche Stand genannt wird, Fürsten, Herrn, Handwerks- und Ackerleute der weltliche Stand. Das ist eine sehr feine Erdichtung und Trug. Doch soll niemand deswegen schüchtern werden, und das aus dem Grund: alle Christen sind wahrhaftig geistlichen Standes, es gibt unter ihnen kein Unterschied außer allein des Amts halber, wie Paulus im ersten Brief an die Korinther im 12. Kapitel sagt, dass wir allesamt ein Leib sind, (obwohl) doch ein jegliches Glied sein eigenes Werk hat, womit es den andern dient. Das alles macht, dass wir eine Taufe, ein Evangelium, einen Glauben haben und (auf) gleiche (Weise) Christen sind, denn die Taufe, Evangelium und Glauben, die machen allein zu geistlichen Menschen und das Christenvolk aus. Ein allge-*

meines Priestertum – das ist der Kern des neuen Kirchenverständnisses Luthers.

Weg mit dem Priesterstand, er ist nicht höher oder gottgefälliger als jeder andere Stand. Allerdings bedeutet das nicht, dass nun jeder Christ auch dazu berufen sei, zu taufen oder zu predigen. Es gibt in der Gemeinde unterschiedliche Aufgaben. Das Amt der Wortverkündigung im Gottesdienst und das Verwalten der Sakramente (Taufe und Abendmahl) wird von der Gemeinde ausgebildeten Menschen anvertraut, die zu diesem Amt besonders beauftragt werden. Allerdings haben alle Christen auch die Fähigkeit, die Lehre zu beurteilen. Sie sind mündige Christen.

64. Rechtfertigung

Wie bekomme ich einen gnädigen Gott – das war die Frage, die Luther umtrieb. Er war geprägt von der mittelalterlichen Angst vor Fegefeuer und Hölle und wollte alles tun, den geraden Weg in Gottes himmlische Ewigkeit gehen zu können. So oft er konnte, ging er zur Beichte, um nur keine Sünde ungebeichtet zu lassen. Ihn trieb um, dass dennoch sein Leben in den Augen Gottes niemals vollkommen sein würde. »Der Gerechte wird aus Glauben leben« – dieser Satz des Apostels Paulus wurde für ihn zum Durchbruch hin zu einer völlig neuen Sicht der Dinge. Wir müssen nicht in Angst leben, weil Gott uns längst schon Lebenssinn zugesagt hat. In Jesus Christus ist alles Scheitern des Menschen aufgehoben.

Luthers Frage nach dem gnädigen Gott verstehen viele Menschen auf Anhieb heute nicht. Aber die Frage, ob ihr Leben Sinn hat, treibt sie um. Was, wenn ich nicht mithalten kann, weil ich keinen Arbeitsplatz habe, nicht genug verdiene, nicht gut genug aussehe? Die Lebenszusage, die Luther gefunden hat: Gott rechtfertigt Dein Leben, ganz gleich, ob es Dir im Leben gelingt, die Gebote Gottes zu halten. In intensiver Bibellektüre und in den Schriften des Kirchenvaters Augustin entdeckte Luther, dass es nicht die menschliche Leistung ist, die vor Gott einen Anspruch auf Heil erwirtschaftet. Vielmehr ist es Gottes Zuwendung aus Gnade. Was das bedeutet, kann mit der Redewendung »Gnade vor Recht« erläutert werden. Ein Mensch, der nach Recht und Gesetz zu verurteilen ist, darf doch auf Gnade oder auch Begnadigung hoffen. Das verstehen Menschen auch heute sehr wohl. Für Luther war die entscheidende Erkenntnis, dass durch Jesus Christus diese Zuwendung Gottes allen, die an ihn glauben, zugänglich wird. Gerade wenn der Mensch begreift, dass er selbst nicht in der Lage ist, ein vollkommenes Leben nach den Geboten Gottes zu führen, kann er ganz auf Jesus Christus vertrauen. Das bedeutet, auch da, wo Recht und Gesetz verurteilen, was der Mensch tut, redet, denkt, verurteilt doch Gott nicht. Diese Erfahrung nennt Luther Rechtfertigung allein aus Glauben. Ein solcher Mensch ist für ihn ein Gerechtfertigter. In der Konsequenz ist das eine Erfahrung der Freiheit, der Befreiung aus der Angst vor Hölle und Verdammnis. Und aus dieser Freiheit heraus wird der Mensch nun tun, was er kann, um so zu leben, wie es Gottes Gebote vorgeben, wohl wissend, dass er daran immer wieder scheitern kann.

65. Reformiert

Die Kirche muss erneuert werden – dieser Ruf erklang zu Beginn des 16. Jahrhunderts nicht nur aus Wittenberg. In Zürich hatte ein Vorfall im Februar 1522 den öffentlichen Protest gegen die *altgläubige* Kirche und ihre Vorschriften ausgelöst: ein demonstratives »Wurstessen« bei einem Bürger am ersten Fastentag, bei dem der Priester Ulrich (Huldreich) Zwingli anwesend war. Zwingli hatte Luthers Schriften studiert, aber zugleich eine eigene Position gegenüber der herkömmlichen Theologie entwickelt. Er verteidigte das Fastenbrechen mit einer Streitschrift *Vom Erkiesen und Freiheit der Speisen* mit dem Argument, es handele sich beim Fastengebot nicht um eine biblisch begründete Anweisung. Die Bibel aber sei die alleinige Richtschnur christlichen Verhaltens. Um Unruhen zu verhindern, lud der Rat der Stadt zu einer öffentlichen Disputation, zu der der (zuständige) Bischof nicht erschien. Die Versammlung geriet zur Revolution: Man beschloss alle wichtigen Glaubensfragen zu entscheiden – ohne Rücksicht auf die Tradition. Zwingli erschien mit 67 Thesen zur Diskussion, der Rat beauftragte ihn, weiterhin das reine Evangelium zu verkünden, wie er es angekündigt hatte. Die öffentliche Aktion ließ viele Bürger in der Schweiz, im Elsass (vor allem in Straßburg) und in einigen reichsunmittelbaren oberdeutschen Städten aufhorchen. Ein enges Netz von Briefen und Nachrichten zwischen Zürich und den oberdeutschen Städten wie auch nach Wittenberg und Nürnberg entstand, Theologen, Stadträte und Prediger verständigten sich über die Frage, wie die Messe, die Predigten, ja, das ganze kirchliche Leben erneuert werden könnte.

Als im Jahr 1529 Zwingli, einige Vertreter der oberdeutschen Städte und Luther in Marburg zusammentrafen und sich über die wichtigsten Glaubensfragen zu verständigen versuchten, kam es zum Bruch zwischen Luther und Zwingli. In der Frage, ob das Abendmahl nur Gedächtnismahl oder kultische Gegenwart Christi sei, spalteten sich die Protestanten.

Der Begriff »Reformierte Kirchen« als Sammelname für die Glaubensrichtung von Zwingli und dem Genfer Theologen Johannes Calvin, der vor allem die französischsprachigen Gebiete beeinflusst hatte, entwickelte sich allerdings erst später. Ende des sechzehnten Jahrhunderts benutzt ein Theologieprofessor den Begriff »evangelisch-reformiert« zum ersten Mal, nach dem 30-jährigen Krieg wurde im Westfälischen Frieden von 1648 festgelegt, dass der Friedensvertrag auch die »Reformierten« schützen solle. Bis heute sind die evangelisch-reformierten Kirchen eigenständige Kirchen.

66. Reichstage

Auf den Reichstagen wurden alle wichtigen Fragen zwischen dem Kaiser und den deutschen Landesfürsten besprochen und beschlossen. Sie waren eingerichtet worden, um das Gewicht der Landesfürsten gegenüber dem Kaiser zu stärken. Einberufen konnte sie nur der Kaiser, aber seit dem Amtsantritt von Kaiser Karl V. im Jahr 1519 musste er die Kurfürsten zuvor um Zustimmung zur Einladung und Tagesordnung bitten. Nicht an jedem Reichstag nahm der Kaiser teil, auch wenn er eingeladen hatte. Diese Tatsache begünstigte die Reformation. Denn der Kaiser verteidigte grundsätzlich die tradierte Kirche, was sich in Worms im Jahr 1521 zeigte: Luther wurde – vom Papst mit dem Kirchenbann belegt – nun auch vom Kaiser geächtet und für vogelfrei erklärt.

Luther war daraufhin von seinem Landesfürsten Friedrich dem Weisen auf die Wartburg entführt und so vor allen Verfolgungen geschützt worden. Erst im Jahr 1530 nahm Kaiser Karl in Augsburg wieder an einem Reichstag teil, dort legten die »Protestanten« ihr neues Bekenntnis vor, das der Kaiser für widerlegt erklärte – allerdings ohne Folgen. Denn die Landesfürsten, die sich dem neuen Glauben zugewandt hatten, blieben bei ihrem Entschluss. In den Jahren 1530 bis 1540 fanden keine Reichstage mehr statt, die Religionsfrage wurde unter den Landesfürsten überhaupt nicht mehr diskutiert – was die reformatorische Bewegung begünstigte. Erst ab 1541 berief der Kaiser wieder Reichstage ein, die Religionsfrage wurde immer dringlicher und drohte das Reich zu spalten. In den Jahren 1541 bis 1546 fanden sogar sieben Reichstage statt. Deren beherrschendes Thema war neben der Abwehr der Türken, die in das Reich eingefallen waren, die Glaubensspaltung. Eine wirkliche Einigung gab es nicht, im Gegenteil: Es kam sogar zu einer militärischen Auseinandersetzung zwischen dem Kaiser und den protestantischen Fürsten, dem Schmalkaldischen Krieg. Friedrich der Weise, Spitze des fürstlichen Widerstandes gegen Karl V., wurde vom Kaiser gefangen genommen, danach versuchte Karl auf dem Reichstag im Jahr 1548 die protestantischen Fürsten zu zwingen, zum alten Glauben zurückzukehren. Doch der Widerstand gegen dieses sogenannte Interim – eine Art Zwischenregelung bis zu einem entscheidenden Reichstag oder gar zu einem Nationalkonzil – war unter den protestantischen Fürsten zu heftig. Moritz von Sachsen zog sogar gegen den Kaiser zu Felde, der sich nur durch Flucht nach Kärnten der Gefangennahme entziehen konnte.

Auf dem Reichstag zu Augsburg im Jahr 1555 – Kaiser Karls Sohn Ferdinand hatte eine besondere Erklärung für die Einberufung des Reichstages verfasst – kam es zum Augsburger Religionsfrieden. Der dort verkündete Grundsatz *Wes Religion der Landesherr, des Glaubens sind die Untertanen* besiegelte die Glaubensspaltung zwischen katholischen und protestantischen Gebieten.

67. Reliquien

Im späten Mittelalter blühte der Handel mit Reliquien, die angeblich aus der Zeit Christi stammten. Als Reliquien wurden auch Knochensplitter aufbewahrt, die von Märtyrern stammen sollten, und Gegenstände oder Kleidungsstücke, die Christus selbst getragen oder berührt haben soll. Zur Weihe einer Kirche wurden diese Reliquien oft eingemauert oder in besonderen Schreinen (Reliquiaren) aufbewahrt. Je reicher eine Kirche an Reliquien war, um so bedeutender war sie als Wallfahrtsort. Bei der Reliquienverehrung haben Fälschungen und Betrügereien eine große Rolle gespielt.

Die Schlosskirche zu Wittenberg verzeichnete zu Zeiten Luthers insgesamt 5005 Reliquien, für die es 100 Tage Ablass pro Stück geben sollte. Darunter waren so merkwürdige Dinge wie *vier Stücke von dem Stein, auf dem Jesus in den Himmel gefahren ist, Ein Stück von dem Tuch, mit dem Jesus seinen Jüngern die Füße abgetrocknet hat, Sechs Stücke vom Grabe Marias.* Luther verurteilte – wie auch Rom – den Missbrauch der Reliquien. Er amüsierte sich offen über den Aberglauben des Mainzer Erzbischofs, als dieser die Reliquien aus Wittenberg nach Mainz überführen ließ und ankündigte, er werde sie einmal jährlich ausstellen. In einer Spottschrift verhöhnte er *neu hinzugekommene Reliquien,* auf die der Papst besonders großen Ablass gewähre. Unter anderem seien da

> *Zwei Federn und ein Ei vom Heiligen Geist, ein ganzes Pfund von dem Wind, der an Elia vorbeirauschte, in der Höhle am Berg Horeb, Fünf schöne helle Saiten von der Harfe Davids, Drei schöne Haarlocken des Absalom, mit denen er an der Eiche hängen blieb.*

Grundsätzlich sei der rechte Glaube an das Wort tausendmal besser als irgendwelche Stofffetzen oder Knochen. Deshalb seien Reliquien zwar zu tolerieren, deren Verehrung aber abzulehnen. Radikal lehnten die Reformierten jede Reliquie als Produkt eines primitiven Glaubens ab. Auf lutherischem Boden werden gelegentlich bis heute Gebeine mittelalterlicher Heiliger in Kirchen aufbewahrt und in Ehren gehalten.

68. Sakramente

Im Juli 1519 musste Luther in einer öffentlichen Diskussion mit dem Dominikaner Johannes Eck eine bittere Niederlage einstecken. Es ging um den Primat des Papstes, den Luther bestritt, Eck jedoch mit Bibelstellen belegte. Er trieb Luther so in die Enge, dass dieser schließlich offen behauptete, das Papstamt sei nichts weiter als eine menschliche Erfindung und auch Konzilien könnten irren und hätten in der Vergangenheit auch geirrt. Damit hatte er sich in die gefährliche Nähe des 1415 als Ketzer verbrannten tschechischen Theologen Jan Hus manövriert. Der Kirchenbann drohte.

Die unerhörte Provokation verbreitete sich rasch, doch statt sich zurückzuziehen, ging Luther zum Angriff über. Er verfasste eine programmatische Schrift an den Klerus und die Gelehrten, darum in lateinischer Sprache: *Über die babylonische Gefangenschaft der Kirche*. Im Kern griff die Schrift das Herzstück der geltenden Kirchenlehre an: Luther behauptete, die von der Kirche gewährten sieben Sakramente seien zum Herrschaftsinstrument der römischen Amtskirche verkommen. Die Christen würden entmündigt und an Rom gefesselt. Die Bibel kenne nur drei symbolische Handlungen, die Jesus selbst eingesetzt habe: die Taufe, das Abendmahl und die Buße. Diese drei müssten von den dazu erfundenen Lehren gereinigt werden. Unbiblisch dagegen seien Firmung, Priesterweihe, Ehe und die letzte Ölung. Firmung und Priesterweihe seien Erfindungen, die das Lügenmärchen vom heilsnotwendigen Priesterstand stützen sollten. Die Ehe sei eine weltliche Einrichtung, da habe man sich auf ein falsch übersetztes Zitat des Apostels Paulus gestützt, der geschrieben habe:»Mann und Frau werden ein Fleisch sein – das ist ein Mysterium«, also ein Geheimnis. Ins Lateinische übersetzt heißt»mysterium«eben»sacramentum«. Hätte man das»Geheimnis«gelassen, wäre niemand auf die Idee gekommen, die Ehe zum Sakrament zu machen. Die letzte Ölung schließlich sei eine Handlung der Nächstenliebe und an keine Bedingung geknüpft – warum also daraus ein Sakrament machen? Die Buße rechnete Luther lange unter die Sakramente. Doch je stärker er den Glauben als alleinigen Weg zu Gott betonte, umso mehr verlor die Buße ihren Sakramentscharakter. Sie ging im Glauben auf.

Die radikale Abrechnung mit der Papstkirche fand rasch viel Beifall, erntete aber auch viel Widerspruch, vor allem unter den Geistlichen, aber auch unter den gebildeten Humanisten. Diese entzogen Luther ihre Sympathie, weil deutlich wurde, dass er die gesamte kirchliche und gesellschaftliche Ordnung ins Wanken bringen würde.

69. Schöpfung

Die geschaffene Welt ist für Luther – darin schließt er sich an eine alte christliche Tradition an – neben der Bibel *das zweite Buch Gottes*, in dem man ebenso lesen kann wie in der Schrift. Allerdings erschließt sich dieses zweite Buch Gottes ausschließlich dem Glauben. *Wer aber Gott erkennt, der erkennt auch die Kreatur, versteht sie und hat sie lieb. Denn in der Kreatur* sind die Fußtapfen der Gottheit, erklärt Luther in einer Auslegung der Schöpfungsgeschichte. Er distanziert sich deutlich von einer natürlichen Theologie, die die Natur als eine »zweite Offenbarung« Gottes ansah. Vielmehr macht die Natur und darüber hinaus das tägliche Leben für den gläubigen Menschen Gottes Wort anschaulich und mit Händen greifbar. Das Wort Gottes, das die Welt aus dem Nichts geschaffen hat, ist nicht Vergangenheit, es ergeht heute noch und schafft täglich neues Leben. Dieser Gedanke führt Luther zu einer naiven Wahrnehmung der Natur:

> Es ist das Wort Gottes, das Feuer, Hagel, Sturm
> und Wind heraufbringt, das die Erde grünen
> und den Weizen wachsen lasse, das die Kirschen reifen
> und die Henne brüten lasse.

Auf diese immer neue Schöpfung kann ein Mensch nur mit Dank antworten. *Unser Herr Gott gönnt uns gern, dass wir essen, trinken und fröhlich sind und uns des Geschaffenen bedienen. Denn darum hat er alles geschaffen. Er will nicht, dass wir darüber klagen, er habe uns nicht genug gegeben, er könne unseren armen Madensack nicht ernähren noch füllen. Es geht darum, dass wir ihn als unseren Gott erkennen und für seine Gaben danken. Er hat sie darum geschaffen, dass wir sie nutzen sollen – und er verlangt nichts anderes von uns, als dass wir erkennen, dass es seine Güter sind und wir sie mit Dankbarkeit genießen.*

Auch das menschliche Leben gedeiht nur aufgrund des schöpferischen Wortes Gottes. Nicht einmal ein Kind könne allein durch Menschen geboren werden. Vielmehr ist es allein das Wort Gottes, das alles schwängert und ins Leben ruft. Es leuchtet ein großes Licht in dein Herz hinein, wenn du es haben willst, und lehrt dich mit kurzen Worten ... nämlich: was du bist, woher du kommst, woher Himmel und Erde kommen. Denn du bist Gottes Geschöpf, Gebilde, Kreatur und Werk. Das heißt: Von dir selbst und in dir selbst bist du nichts, kannst nichts, weißt nichts, vermagst nichts ... Was du aber bist, kannst und vermagst, das heißt Gottes Geschöpf, wie du hier mit deinem Mund bekennst ... Von solchem Licht weiß die Vernunft nichts. Es haben viele hervorragende Menschen gesucht, was Himmel und Erde, Mensch und Kreatur seien; sie habens nicht gefunden. Aber hier heißt es: Der Glaube sagt, Gott habe alles geschaffen aus nichts. Hier ist der Seele Lustgarten, um in Gottes Werken zu spazieren.

70. Schreibende Frauen

Auch die Reformation gab den Frauen keine neue Stimme in der kirchlichen Öffentlichkeit. Ihre traditionelle Rolle wurde lediglich geistlich neu beschrieben: Die Kinder zu versorgen galt nun als eine gottgefällige Aufgabe. Allerdings ermutigte der mit der Reformation angestoßene gesellschaftliche Wandel gebildete Frauen, offen gegen die tradierte, in der altgläubigen Kirche dogmatisch verfestigte geistliche Abwertung der Frau zu protestieren. Im Jahr 1538 eiferte sich die Genfer Protestantin **Marie Dentière:** So viele Gelehrte, Weise, große Kirchenmänner und Hochschulen sind gegen uns arme Frauen, die man überall zurückweist und verachtet ... Haben wir zwei Evangelien, eines für Männer und eines für Frauen? Das von Johannes Calvin reformierte Genf verbot ihre Bücher.

Ähnlich erging es **Katharina Zell** in Straßburg. Die Frau des Priesters Matthias Zell verteidigte öffentlich den Zölibatsbruch ihres Mannes und die Priesterehe. 1524 schrieb sie einen Brief an den Erzbischof und veröffentlichte eigenständig ihre Schrift: *Entschuldigung Katharina Schützinn / für M. Matthes Zellen / jren Eegemahel / der ein Pfarrher und dyener ist im wort Gottes zuo Straßburg. Von wegen grosser lügen uff jnerdiecht.* Ihre Schrift legitimierte sie damit, dass jede Person ihren Glauben bekennen muss und aus christlicher Verantwortung für ihre Nächsten heraus gehalten ist, Lügen entgegen zu treten und Falsches zu korrigieren. Dann legte sie dar, dass die Heirat eines Priesters schriftgemäß sei. Außerdem diskutierte sie zentrale reformatorische Themen wie den Vorrang des Schriftprinzips vor kirchlicher Autorität, die Rolle der Werke und die Rechtfertigung aus Glauben.

Die Reaktion des Rates der Stadt war scharf. Eine Delegation des Stadtrates erschien bei ihrem Ehemann und veranlasste, dass die bereits gedruckten Exemplare der *Entschuldigung* eingezogen wurden. Katharina sollte künftig nichts mehr publizieren. Doch die mutige Laientheologin ließ sich nicht zurückhalten. Zehn Jahre später, 1534, veröffentlichte sie vier kleine Gesangbüchlein im Taschenformat mit Liedern der Böhmischen Brüder, die für wenig Geld erhältlich waren: *Von Christo Jesu unserem saeligmacher / seiner Menschwerdung / Geburt / Beschneidung / etc. etlich Christliche und trostliche Lobgesaeng / auß einem vast herrlichen Gsangbuoch gezogen / Von welchem inn der Vorred weiter anzeygt würdt.*

Lieder wurden auch für **Elisabeth von Meseritz** das Zeugnis des neuen Glaubens. Sie gilt als die erste protestantische

Dichterin. Als Jugendliche war Elisabeth in das pommersche Kloster Marienbusch bei Treptow eingetreten, hatte es aber 1521 verlassen und in Wittenberg bei der Familie des Theologen Johannes Bugenhagen Unterschlupf gefunden. In den Jahren bis 1524 schrieb sie ein Lied, das Luther in sein erstes Gesangbuch aufnahm, über das eine Generation später ein Theologe urteilte, es sei *ein sehr schöner und geistreicher Betpsalm* und das heute in den evangelischen Gemeinden noch gesungen wird: *Herr Christ, der einig Gotts Sohn.* Im zweiten Vers beschreibt Elisabeth die Erlösung durch Christus so: *Für uns ein Mensch geboren, im letzten Teil der Zeit, dass wir nicht wärn verloren vor Gott in Ewigkeit. Den Tod für uns zerbrochen, den Himmel aufgeschlossen, das Leben wiederbracht: lass uns in deiner Liebe und Kenntnis nehmen zu, dass wir am Glauben bleiben, dir dienen im Geist so.* Elisabeth heiratete 1524 den Theologen Kaspar Cruciger und gebar zwei Kinder. Sie soll noch weitere Lieder geschrieben haben, doch sind diese verschollen. Überliefert wird dagegen ein Traum von ihr, sie habe in der Kirche in Wittenberg einmal gepredigt. Ihr Mann habe diesen Traum so gedeutet: *Vielleicht will euch der liebe Gott für würdig erachten, dass eure Gesänge ... in der Kirche einmal gesungen werden.* Elisabeth Cruciger starb am 2. Mai 1535 in Wittenberg.

71. Schwärmer

Die Bezeichnung geht auf Luther selbst zurück, er greift das Bild der schwärmenden Bienen auf. Wie in einem ausschwärmenden Bienenvolk jede innere und äußere Ordnung zu fehlen scheint, so ist es auch bei den Gruppierungen, die sich zwar auf Luther beriefen, ihre Anhänger aber mit Zwang auf bestimmte Formen kirchlicher Gebräuche und Handlungen – etwa der Sakramente – oder ein bestimmtes Verhalten festlegen. Damit verstoßen sie nach Luthers Meinung gegen die Freiheit der Gewissen und gehen den gleichen Weg wie die Altgläubigen: Sie vertreten eine gesetzliche und durch enge Bestimmungen eingegrenzte Frömmigkeit.

Gleichzeitig aber wirft Luther diesen Bewegungen vor, sie beriefen sich auf ein direktes Zeugnis des heiligen Geistes, das könne nicht hingenommen werden. Was sie antreibt, ist nach Luther höchstens ihr eigener Geist. Ihm fehlte die Begründung durch die Bibel. Zu den *Schwärmern* rechnete Luther die Bewegung, die unter seinem Wittenberger Kollegen Andreas Karlstadt in Wittenberg einen Sturm auf die Bilder in den Kirchen angezettelt hatten. Karlstadt legte später seinen Professorentitel ab und gründete eine Reihe von Gemeinden, die die Säuglingstaufe ablehnten und bestritten, dass Christus in Brot und Wein beim Abendmahl wirklich gegenwärtig sei.

Die Säuglingstaufe wurde auch von Sebastian Franck abgelehnt, ein Prediger im Nürnberger Land. Franck hatte zunächst große Stücke auf die neue Bewegung der Reformation gesetzt, warf Luther dann aber vor, er erneuere die Kirche gar nicht, sondern falle in den Fehler der Altgläubigen zurück. Darum lehnte Franck jede kirchliche Organisation ab, es gab für ihn nur eine *Religion des Geistes*, die weder an die Bibel noch an ein kirchliches Dogma gebunden sei.

Auch die sogenannten Täufer waren für Luther Schwärmer. Sie hatten mit der Kindertaufe gebrochen und forderten das persönliche Bekenntnis jedes einzelnen Christen, bevor er durch die Taufe Mitglied der Gemeinde wurde. Was die meisten der zahlreichen Täuferbewegungen in Deutschland verband, war das Drängen auf unbedingte Nachfolge Christi. Man weiß bis heute nicht genau, wie viel Luther inhaltlich von den einzelnen Bewegungen wusste. Viele haben durchaus biblische Wahrheiten in die Gegenwart umgesetzt.

72. Seele

Leib, Seele und Geist sind die Elemente, die einen Menschen ausmachen: Diese philosophische Sicht des Menschen hat Luther aus der Tradition übernommen. Aber was die Seele wirklich sei, das wurde um 1500 zwischen verschiedenen theologischen Schulen heftig diskutiert. War sie der unsterbliche Teil des Menschen, bei seiner Geburt von außen in den Körper eingegossen, die sich beim Sterben dann wieder vom Körper löste, weil sie unsterblich ist? Oder war sie doch nur Teil des endlichen menschlichen Lebens und stirbt darum ein Mensch ganz, mit Leib und Seele? Ein Konzil hatte im Dezember 1513 die individuelle Unsterblichkeit der Seele als Glaubenswahrheit festgeschrieben. Aber was war mit solchen Spekulationen zu gewinnen?

Luther geht von der Bibel aus. Sie berichtet über die Erschaffung des Menschen: Gott formte den Leib und hauchte ihm seinen Atem ein: Dieser Atem Gottes schafft die Seele. Zwar hat Luther gelegentlich darüber nachgedacht, was mit der Seele beim Sterben geschieht, aber ist diesem Gedanken theologisch nie bis zu einem eindeutigen Ergebnis gefolgt. Vielleicht gibt es, so vermutete er, beim Tod eine Art Seelenschlaf, bis der Mensch bei der Auferstehung der Toten am Ende der Geschichte wieder erwacht. Aber diese zeitliche Vorstellung durchkreuzt er mit einer zweiten, die unvereinbar mit der ersten scheint: Unmittelbar nach dem Tod wird ein Mensch entweder erlöst oder verdammt. Eine Entscheidung trifft Luther nicht, Spekulationen liegen ihm nicht.

Dennoch ist für ihn die Seele das entscheidende Organ, das Gott wahrnimmt. In der Schrift *Freiheit eines Christenmenschen* beschreibt er die besondere Beziehung zwischen Gott und der Seele des Menschen geradezu euphorisch: *Die Seele hat kein anderes Ding, weder im Himmel noch auf der Erde, worin sie lebt, fromm, frei und Christ ist, als das heilige Evangelium, das Wort Gottes ... so müssen wir gewiss sein, dass die Seele alle Dinge entbehren kann, ausgenommen das Wort Gottes. Sie hat in diesem Wort Genüge, Speise, Freude, Frieden, Licht, Kunst, Gerechtigkeit, Wahrheit, Weisheit, Freiheit und alles Gute überschwänglich.* Die Seele spürt der Gläubige lebenslang als Atem Gottes in sich, der ihn erfüllt und befreit.

73. Selbstbilder

Luther hat sich selbst in vielen Facetten wahrgenommen. Es mag erstaunen, dass er sich nie als »Reformator« gesehen, sich auch nie so bezeichnet hat. Was er an Besserungen für die Kirche und das Christentum vorschlug, umfasse, wie er selbst sagt, nicht mehr als die Vorschläge eines Theologen, der um die Nöte und Ängste seiner Zeit weiß. Gleichzeitig ist er sich bewusst, dass er längst nicht alle praktischen Aspekte überblicken kann. Eine grundlegende »Reformation« würde aber eine vollkommene, irrtumslose Entscheidung für eine neue Zukunft verlangen – das könne kein Mensch leisten, diese »Reformation« überlasse er darum allein Gott. Wenn er tatsächlich von einer Erneuerung, einer reformatio spricht, meint er stets die Besserung der Zustände in der säkularen, politischen Welt.

Dagegen scheute er sich nicht zu bejahen, wenn ihn ein Freund einen Propheten nannte. War es nicht deren Aufgabe immer schon, die Menschen ihrer Zeit auf Gott hinzuweisen? Evangelist wollte er gern sein, der den Menschen die Frohe Botschaft ihrer Erlösung aus Ängsten und Selbstzweifeln verkündet. Hatte er nicht selbst diese Erlösung erlebt? Angst als bestimmendes Lebensgefühl hatte er in seinen jungen Jahren erfahren. Dieses Selbstbild ändert sich von Grund auf, als er den Ablassstreit vom Zaun bricht. Bewusst ändert er seinen Familiennamen. Statt »Luder«, wie sein Vater sich schrieb, unterschreibt er zwischen 1517 und 1519 die Briefe an engere Freunde mit dem Namen »Eleutherios« = »der Befreite«. Luthers neuer Name signalisierte ein Programm: Er erinnert an die Befreiung, die Luther bei der Entdeckung der »Gerechtigkeit Gottes« empfunden hatte. Den griechischen Namen legte er allerdings rasch wieder ab, behielt aber für die Zukunft das »th« in seinem Familiennamen.

Prediger nannte Luther sich selbst gern, und wenn es um biblische und theologische Fragen ging, sah er sich selbstbewusst als *Doktor der Theologie* und als *Professor*. Freilich bildete er sich auf die theologische Wissenschaft und Titel nichts ein.

> *Als ich jung war, da war ich gelehrt und machte*
> *lauter Kunst ... Ich weiß, dass es lauter Dreck ist ...*
> *Dies ist meine letzte und beste Kunst: Die Schrift*
> *in ihrem einfachen Sinn zu lehren ... da ist Leben,*
> *Trost, Kraft, Lehre und Kunst drin. Das andere ist*
> *Narrenwerk, wiewohl es so hoch glänzt.*

74. Sexualität

Luther hat sich mit dem Thema Sexualität erstaunlich oft beschäftigt. Das hat verschiedene Gründe. Immer wieder wird er um Rat gefragt, vor allem deswegen, weil er den Zwang zur Ehelosigkeit schon sehr früh offen angegriffen hatte. Der Verzicht auf die Ehelosigkeit führe keineswegs automatisch zu einem höheren, vergeistigten Glauben an Gott und erst recht nicht zu einem privilegierten Stand in der Gesellschaft. Sicher, hatte er eingeräumt, es gibt den freiwilligen Verzicht, aber dieser verlange eine übermenschliche Anstrengung.

Der Protest Luthers gegen die geltende Ansicht der Kirche erwächst nicht aus seiner Erfahrung im Kloster. Schon als Mönch war er überzeugt, dass der Verzicht auf jede Sexualität – so schrieb er an Mönche und Nonnen – äußerst selten bewältigt werden könne, und es wäre unter tausend Menschen nicht einer zu finden, der dies schaffe. *Denn solche sind Gottes Wunderwerke.* Selbstverständlich könne ein Mensch sich freiwillig dazu entschließen, doch der Mensch sei nicht dazu geschaffen, auf die Sexualität zu verzichten. Sie ist Teil seines von Gott geschaffenen Lebens. Es sind grundsätzliche theologische Einsichten, die ihn zum Protest treiben. Wer den Sexualtrieb verachtet, verachtet die Natur des Menschen, der von Gott geschaffen und sowohl mit Vernunft als auch mit den Trieben beschenkt ist.

Diese Botschaft war für die Kirche des 16. Jahrhunderts revolutionär. Der Sexualtrieb als Gotteskraft, ja, als »Gottes vitale Präsenz«, so stellt der Kirchenhistoriker Heiko A. Oberman fest, bindet Luther eng an die Ehe. Die Ehe ist – das hat die protestantische Ethik bis in die moderne Zeit bestimmt – der einzig gottgefällige Weg, die Sexualität zu leben. Luther beruft sich dabei auf die Bibel, in deren Schöpfungsbericht es heißt: »Es ist nicht gut, dass der Mensch allein sei, ich will ihm einen Gehilfen machen, der um ihn sei.« Luther legt dieses Wort so aus:

Dieses ist das Wort Gottes, kraft welchen die brünstige, natürliche Neigung zur Frau geschaffen und erhalten wird. Das ist Gottes Wort und Werk.

Luther wäre missverstanden, wenn man diese Auslegung so interpretieren wollte, als würde der Sexualtrieb erst in der Ehe zur Gotteskraft. Doch ist die Ehe für ihn der wirklich von Gott gesetzte Stand, Sexualität zu leben.

75. Sterben und Tod

Als junger Mann stellte Luther sich ganz in die Tradition der kirchlichen Lehre. Als ihn im Jahr 1520 einer der Räte am Hof des Kurfürsten Friedrich des Weisen darum bittet, er möge doch etwas zur Vorbereitung auf das Sterben schreiben, knüpft er an die mittelalterlichen Schriften an, die eine christliche *Kunst des Sterbens* schildern. Sterbende sollten weltlich und geistlich Abschied nehmen, das heißt, den Nachlass ordnen und allen Menschen vergeben und zugleich von ihnen Vergebung erbitten. Wichtig sind für ihn auch die kirchlichen Riten. Er zählt die Beichte und die letzte Ölung noch zu den Sterbesakramenten, auch empfiehlt er das Bitten der Heiligen um ihre Fürbitte vor Gott.

Daneben aber erscheint das Vorbereiten auf den Tod in einem neuen Licht: Entscheidend ist das Vertrauen auf Gott. Die Kunst des Sterbens liegt darin, der Sünde, dem Tod und der Verzweiflung über die eigene Unfähigkeit zum Guten keinen Raum zu geben. Im Tod soll der Mensch nur Leben, Gnade und Seligkeit vor Augen haben und sich nicht von den furchtbaren Bildern der Hölle, der Sünde und der Vernichtung des Lebens treiben lassen, denn das führt nur zur Verzweiflung.

Sterben sei wie eine zweite Geburt, wenn die Sterbenden ihren Blick auf Gott richten.

Luthers eigenes Sterben zeigt, wie weit er sich inzwischen von den überkommenen Riten der Kirche gelöst und ein »protestantisches« Urbild der Sterbebegleitung hinterlassen hat. Der Kirchenhistoriker Heinrich Bornkamm schreibt: »Luther ist unmittelalterlich gestorben: ohne Sterbesakrament, ohne Anrufung der Heiligen, ohne Rosenkranz oder andere geweihte Gegenstände, ohne sich eine Mönchskutte anziehen zu lassen, um im Schutz der Verdienste eines Ordens vor Gottes Richterstuhl zu treten. Im Vorblick auf die letzte Stunde, welche ja nur das wahre Sein des Menschen vor Gott aufdeckt, war ihm die ganze menschlich-kirchliche Apparatur längst wesenlos geworden.« Die letzten Zeilen, die man von Luthers eigener Hand nach seinem Tod auf dem Schreibtisch fand, bezeugen eine demütige Haltung vor Gott – vor ihm wird ja nur offenbar, was im Leben immer schon war: *Die Heilige Schrift meine niemand genug geschmeckt zu haben, wenn er nicht hundert Jahre mit den Propheten die Kirche regiert hat. Deshalb ist es ein schwer zu fassendes Wunder, 1. mit Johannes dem Täufer, 2. mit Christus, 3. mit den Aposteln. Du versuche nicht, diese göttliche Aeneis zu erforschen, sondern beuge dich nieder und bete ihre Spuren an. Wir sind Bettler, das ist wahr.*

76. Sünde

Die Theologen vor Luther haben nie behauptet, dass es einem Menschen möglich sei, alle Gebote Gottes zu befolgen und darum vor Gott ohne Fehl und Tadel auftreten zu können. Sie gaben sich darum große Mühe, die Sünden eines Menschen einzeln zu bewerten, und stellten regelrechte Kataloge auf. Diese Sündenkataloge hat Luther weder neu interpretiert noch ergänzt. Zwar legt er beispielsweise das fünfte Gebot »Du sollst nicht töten« radikal aus: Es verurteilt nicht nur den Totschlag, sondern den Zorn und Hass, ebenso die Kriege, das Rauben, Brennen, Zanken, Hadern, dem Nächsten das Glück Neiden und sich über sein Unglück Freuen.

Luther geht es um eine grundsätzliche Erkenntnis: Er will die Sünde neu begreifen. Die eine Sünde ist es, die hinter allen einzelnen Sünden liegt. Am schärfsten tritt das in der These zutage: *Wenn der freie Wille das tut, was in seinen Kräften steht, sündigt er tödlich.* Die Sünde ist Sache der ganzen Person, nicht ein Makel an der Person. Luther entwickelt dieses Sündenverständnis nicht systematisch, sondern immer erst dann, wenn er einen biblischen Text auslegt. Weil und wie die Bibel von *Sünde* spricht, heißt für ihn: Die Sünde wird überhaupt nur durch die Offenbarung der Schrift bekannt. Die Sünde ist ein Glaubensgeheimnis. Der Mensch erkennt zwar einzelne sündige Handlungen, aber von der tieferliegenden Hauptsünde kennt er nur *Schattenbilder und Rätselworte.* Grund- und Hauptsünde des Menschen ist der Unglaube, damit bezeichnet Luther die Tatsache, *dass er Gott nicht die Ehre gibt.* Statt dessen fängt er sich in Undankbarkeit, Selbstsucht und Stolz. Er gebraucht alle Dinge der Welt so, als hätte er sie selbst geschaffen. In allem, was er denkt, tut und lässt, sucht er nur seinen eigenen Nutzen, setzt seinen Willen durch und sucht seine Ehre – darum ist alles, was er tut, von Grund auf böse. Er ist sogar in der Lage, die Demut, die Selbstanklage, die Buße zum Mittel des Selbstruhms zu machen. Man könnte Luthers Sündenverständnis auf die kurze Formel bringen: »Von den Sünden zur Sünde« – es zählen vor Gott nicht die einzelnen Verfehlungen, sondern die Grundhaltung eines Menschen gegenüber Gott. Im Augenblick, da ein Mensch zum Glauben an Gott kommt, erkennt er, wie tief er in sich selbst verfangen ist. Genau diese Einsicht aber befreit ihn zugleich.

77. Talar

Vermutlich waren es die tradierten Messgewänder, die von den Geistlichen in der Reformationszeit während der Gottesdienste getragen wurden. Wenn Luther predigte, trug er allerdings stets den schwarzen Talar der Universitätsprofessoren. Das Wort »Talar« stammt von lat. »talus« (Knöchel) bzw. vom dazugehörigen Adjektiv »talaris«. Es bezeichnet einen knöchellangen Mantel, der mit weit ausgeschnittenen Ärmeln versehen ist. Seinen Ursprung hat der Talar als akademische Kleidung im Mittelalter. Die mittelalterlichen Universitäten, die ihren Ursprung in den Domschulen und Ordensstudien der Kleriker genommen hatten, waren in den ersten Jahrhunderten ihres Bestehens stark von klerikalen Strukturen geprägt. Daher war der lange Mantel als geistliche Kleidung auch für die Dozenten das normale Überkleid. Dass Luther diesen Talar beim Predigen trug, unterstrich wahrscheinlich das Lehrhafte der reformierten Gottesdienste.

Einen besonderen Wert maßen die Reformatoren allerdings der liturgischen Kleidung nicht zu. Luther war überzeugt, dass die Kleidung wie andere Äußerlichkeiten des Gottesdienstes keine besondere Beachtung verdient. *Als Christus selbst zum ersten Mal das Sakrament einsetzte und die erste Messe hielt und übte, da gab es keine Tonsuren, kein Messgewand, kein Singen, kein Gepränge, sondern allein Danksagung vor Gott und Vollzug des Sakraments. In derselben Einfachheit hielten die Apostel und alle Christen lange Zeit die Messe, bis sich die vielfältigen Weisen und Zusätze erhoben ... Je näher nun unsere Messen der ersten Messe Christi sind, um so besser sind sie ohne Zweifel, und je weiter davon entfernt, um so gefährlicher ist es ... Wollen wir recht Messe halten und verstehen, so müssen wir alles fahren lassen, was die Augen und alle Sinne in dieser Sache zeigen und vorbringen können, es sei Kleid, Klang, Gesang, Schmuck, Gebet, Tragen, Heben, Legen oder was in der Messe geschehen mag.*

Die Kleidung der evangelischen Geistlichen war lange Zeit nicht einheitlich. Erst 1811 wurde durch eine Kabinettsorder des preußischen Königs Friedrich Wilhelm III. für Geistliche, Richter und andere königliche Beamte der schwarze Talar verordnet. In der Zeit danach wurde der schwarze Talar zur Amtstracht und zur gewohnten liturgischen Kleidung der evangelischen Geistlichen. Bis heute betont der Talar zweierlei: Die »belehrende« Rolle der Predigt, gleichzeitig tritt die Person der Predigenden hinter die Rolle des Geistlichen zurück.

78. Taufe

Für Martin Luther wurde vor allem durch seine Lektüre des Kirchenvaters Augustin immer klarer: Die Taufe ist das zentrale Ereignis und Sakrament. Hier sagt Gott einem Menschen sichtbar Gnade, Liebe, Zuwendung, Lebenssinn zu und schließt so einen Bund mit ihm. Alles Scheitern, alle Irrwege des Lebens können diese Lebenszusage Gottes nicht rückgängig machen. Wir sind erlöst, wir sind längst Kinder Gottes. *Baptizatus sum* – ich bin getauft. In den schwersten Stunden seines Lebens hat Martin Luther sich das gesagt und daran Halt gefunden. Dabei ist die Taufe für ihn kein einmaliges Geschehen, das mit dem Akt selbst abgeschlossen ist. Geistlich soll die Taufe wiederholt werden. So schreibt er im Großen Katechismus 1529: *Also ist die Buße nichts anders als eine Wiederkehr und Hinzutreten zur Taufe, daß man das wiederholt und treibt, was man zuvor angefangen und wovon man doch abgelassen hat.* Die Buße ist für ihn daher kein Sakrament, sondern schlicht die Rückkehr zur Taufe. Jeder, der aus der Taufe gekrochen ist, ist Priester, Bischof, Papst, hat Luther erklärt. Von daher hat Luther auch den Respekt gegenüber Frauen entwickelt. Sie sind getauft und damit stehen sie auf gleicher Stufe wie Männer. Das war in seiner Zeit eine ungeheuerliche Position! Allerdings sollte es noch rund 450 Jahre dauern, bis sich diese theologische Erkenntnis in der Frauenordination umsetzte.

Für Zwingli und Calvin ist die Taufe ebenfalls das zweite Sakrament neben dem Abendmahl. Sie verstehen sie als Zeichen, ja, Symbol des Bundes Gottes mit dem Menschen, als *Wieder-*

geburt aus Wasser und Geist, so der Heidelberger Katechismus. Als heilsnotwendig sehen die Vertreter der oberdeutschen Reformation die Taufe allerdings nicht an.

Die Täuferbewegung, die sich in der Reformationszeit entwickelte, versteht die Taufe als Einwilligung des Menschen in den Bundesschluss Gottes. Daher kann sie nur nach einer bewussten Entscheidung für den Glauben als Bekenntnistaufe und damit Erwachsenentaufe vollzogen werden. Für die Reformatoren dagegen ist die Säuglingstaufe ein Zeichen dafür, dass die Gnade Gottes dem Menschen zugesprochen wird, ohne dass er selbst irgendetwas dafür leisten könnte.

79. Täufer

Als Täufer bezeichnet man heute jene Gruppen der Reformation, die die Kindertaufe ablehnten. Nur wer sich persönlich zum Christentum bekannte, konnte getauft und Mitglied der christlichen Gemeinde werden. Der Name Täufer stammt aus der Neuzeit, er wurde im 16. Jahrhundert weder von diesen christlichen Gruppen als Eigenbezeichnung verwendet, noch war er ein Fremdname für diese Bewegung. Man nannte sie allgemein *Wiedertäufer*. Mit den führenden Köpfen der Reformation hatten sie viele Gemeinsamkeiten: Sie lehnten das Priesteramt als Vermittler der göttlichen Gnadengaben ab, verwarfen die Lehre, man könne durch gute Taten die Strafe des Fegefeuer mildern oder gar beseitigen. Das Evangelium sollte *unverfälscht gepredigt* werden. Wer sich streng an die Gebote Gottes halte, könne sein Leben gottgefälliger gestalten. Die christlichen Glaubensinhalte traten oft hinter die Fragen der praktischen Lebensführung zurück. Die strenge, oft asketische Lebensweise der Täufergruppen hat auch außerhalb ihrer Kreise einen tiefen Eindruck hinterlassen.

Die führenden Köpfe der Reformation distanzierten sich früh von den Täufern. Das hatte theologische Gründe: Wer die Kindertaufe radikal ablehnt, lehnt die Gnade Gottes ab, die ohne Bedingung geschenkt wird. Aber zunehmend war diese Distanz auch politisch bedingt. Nach den Bauernkriegen hatten die Reichsgerichte das Täufertum insgesamt unter Strafe gestellt, die Täufer wurden als Aufrührer und Ketzer verfolgt. Der blutige Höhepunkt der Verfolgung war die Erstürmung der Stadt Münster im Juni 1535. Dort hatten Täufergruppen um Melchior Hoffmann und Bernhard Rothmann den Rat der Stadt von einem *neuen Glauben* überzeugt. Zunächst führten sie eine Kirchenordnung nach dem Muster Straßburgs ein, die sowohl die Messe als auch die Wandlung von Brot und Wein als Irrglaube ablehnte. Nach kurzer Zeit aber schlug die Stimmung in der Stadt um. Die Charismatiker Jan van Leyden und Jan Matthys gewannen die Oberhand, sie errichteten eine unbarmherzige Diktatur, der sich jeder Bürger zu unterwerfen hatte. An der Spitze einer monarchischen Theokratie stand der *neue David* Jan van Leyden, der sich *König Johannes I.* nannte. Obwohl die Täufer sich anfangs für eine strenge Sittenwacht ausgesprochen hatten, wurde auf Grund des enormen Frauenüberschusses unter den Anhängern der Täufer die Vielweiberei eingeführt. Jan van Leyden selbst hatte im Verlauf des Täuferreiches 16 Ehefrauen.

80. Teufel

Luther hat mit verblüffender Selbstverständlichkeit vom Teufel gesprochen. Er sieht ihn in der Welt in vielerlei Gestalt am Werk. Der Teufel verdunkelt die göttliche Wahrheit, ja er kämpft gegen das Wort Gottes in der Welt. Der Aufstand der Bauern etwa ist für Luther ein Exempel für den Kampf Satans gegen das Wort Gottes. Freilich ist das Bild des Teufels für Luther keineswegs im wörtlichen Sinn als das personalisierte Böse zu verstehen. Für ihn ist der Teufel der Name einer Abweichung des menschlichen Willens und der universalen menschlichen Geschichte von der Wahrheit Gottes. So gesehen hat Luther hat das herrschende kirchliche Satansbild abgewandelt. Zwar hat er aus seiner Kindheit und Jugend eine durch die Tradition geprägte (zwanghafte) Teufelsangst empfunden, weshalb er immer wieder davon berichtet, der Teufel (als böses, schlechtes Gewissen) habe ihm in schlimmen Träumen und wachen Phantasien arg zugesetzt. *Der Teufel disputierte heute nacht mit mir und klagte mich an, dass ich ein Dieb sei, weil ich den Papst und so viele Klöster beraubt hätte. Aber ich wollte ihm nicht antworten und sagte: Lecke du mich im Arsch. Da hörte er auf. Sonst kann man ihn nicht loswerden.*

Nicht nur das Verlachen hilft gegen den Teufel. Entscheidend ist für Luther das feste Vertrauen auf Gottes Wort und der Gehorsam gegenüber den Geboten: *Gottes Werk tun hilft gegen die Welt, das Fleisch und den Teufel und alle schlechten Gedanken. Das ist das wahre heilige Wasser, das den Teufel austreibt.* Luther zog eine strenge Trennungslinie zwischen Glauben und Aberglauben. Er empfand eine tiefe Abscheu vor dem Ritual des

Exorzismus, der von der Kirche geübten Teufelsaustreibung. Das Exorzismusritual hatte er selbst in jungen Jahren als Priester bei einem Mitbruder durchgeführt, später empfand er es als puren Aberglauben. Das einfache Wort Gottes hilft gegen den Teufel. Einfach wie die Musik – auch sie vertreibt den Teufel und macht ein fröhliches Herz. Luthers Leibarzt berichtet, er habe Luther einmal in tiefer Verzweiflung angetroffen und wie dieser sich allein durch Gesang wieder in heitere Stimmung versetzte.

Der Teufel war bei Luther eine Art Stammgast: *Ihr wisst noch nicht, welche Mühe es kostet, mit dem Teufel zu streiten und ihn zu überwinden. Ich weiss es aber gut, da ich wohl ein Stück Salz oder zwei mit ihm gegessen habe. Ich kenne ihn gut, und er kennt mich auch gut.*

81. Thesen (95)

Als Luther die 95 Thesen abfasst, beabsichtigt er nicht, die Kirche insgesamt zu kritisieren. Er wollte eine akademische Diskussion an der Universität in Wittenberg anstoßen, deshalb formulierte er sie auf Latein. Dafür spricht auch, dass er sie an einige seiner Freunde und Kollegen schickte, der Ordnung halber auch an den zuständigen Bischof von Brandenburg. Luther machte, wie der Biograf Heinz Schilling formuliert, »die Buße und deren falsche Darstellung durch die Ablassprediger zum wissenschaftlichen Problem und ein Thema für die Gebildeten«.

Womit er nicht gerechnet hatte: dass der Wittenberger Druck in die Hände anderer Drucker gelangte, die eine deutsche Übersetzung anfertigten und in wenigen Wochen über ganz Deutschland verbreiteten. Der Bischof von Brandenburg schickte die Thesen nach Rom weiter, Päpstliche Heiligkeit werden wissen, wie solchem Irrsal widerstanden werden muss. Gleichzeitig ließ er eine Widerlegung abfassen. Diese wird von Wittenberger Studenten öffentlich verbrannt.

Der Widerstand gegen die Ablasspredigten macht Luther mit einem Schlage bekannt, zunächst in Deutschland und dann über die Grenzen hinaus. Er wird zur öffentlichen Person, seine Theologie zur öffentlichen Kontroverse unter Kirchenvertretern. Über weite Strecken entsprechen die Thesen der traditionellen Theologie und sind keineswegs revolutionär. »Für die meisten wird Luthers Manifest nur die mutige Formulierung einer längst üblichen Kritik gewesen sein«, mutmaßt der Kirchenhistoriker Heiko A. Oberman. So hält Luther beispielsweise an der Ablassgewalt des Papstes fest. Allerdings deutet er in einigen Thesen an, dass der Ablass die Folgen der Sünde, nämlich die Angst und den Mangel an Gottes- und Nächstenliebe, nicht beseitigen kann. Das kann nur das Evangelium. Der wahre Schatz der Kirche, so formuliert Luther in der 62. These, ist das allerheiligste Evangelium von der Herrlichkeit und Gnade Gottes. Und weiter behauptet Luther: Auch ohne Ablassbrief hat jeder wahre Christ Anteil am Kirchenschatz (These 37). Die Lehre vom Kirchenschatz besagt, dass die Kirche die reichen Verdienste Christi und der Heiligen bewahrt. Sie kann nach Belieben den Schrein öffnen und durch Gewährung von Ablässen von dem Schatz mitteilen, wem sie will. Diese Art der Verrechnung von Verfehlungen und Wiedergutmachung kann mit dem Glauben an einen gnädigen Gott nicht vereinbart werden, darin liegt die Absicht der 95 Thesen.

82. Tischreden

Über 7000 Tischreden Luthers sind gesammelt und überliefert – keine Vorträge, sondern Ausschnitte aus Gesprächen beim Abendessen und in abendlichen Diskussionsrunden in der Wohnstube des »Schwarzen Klosters« in Wittenberg, dem Haus Luthers. Oft saßen bis zu 30 Personen am Tisch, neben der Familie Luthers Kollegen, Freunde, durchreisende Gäste, vor allem aber zahlreiche Studenten, die ins Haus zum Essen geladen waren. Es gab kein festes Gesprächsthema, oft leitete Luther selbst die Gespräche mit der Frage »Was gibt es Neues?« ein. Diskutiert wurde dann auf Latein und Deutsch, man redete über Gott und die Welt. Alltäglicher Klatsch über prominente Personen wechselte mit hochtheologischen Erörterungen über die Sakramente und das Beten, man amüsierte sich über das Hellsehen, gab Ratschläge bei Kopfschmerzen, sprach über Kindererziehung und Eheprobleme, versank ins Nachdenken über Sterben und Tod oder redete sich die Köpfe heiß über die politischen und kirchlichen Ereignisse. Anekdoten und derbe Scherze lockerten gelegentlich die ernste Stimmung. Der Theologe Otto Herrmann Pesch beschreibt die Tischreden als »lockere, ungeschützte Randbemerkungen, oft voll von wichtigen historischen Informationen und theologischen Aperçus, oft aber auch aus einer Bierlaune heraus geistvoll hingeworfen und nur ja nicht auf die Goldwaage zu legen«.

Ab 1530 begannen einige der Studenten, die Bemerkungen Luthers, der als Hausherr stets das letzte Wort hatte, mitzuschreiben. Gelegentlich forderte Luther sogar dazu auf – die Reden waren allerdings nicht zur Veröffentlichung bestimmt. Doch 1566 legte der Famulus der Familie, der Student Johannes Aurifaber, die erste Herausgabe der von ihm protokollierten *Tischreden* Luthers in deutscher Sprache vor – das wurde ein großer Erfolg.

Freilich überliefern die *Tischreden* nicht wörtlich, was an der Tafel und in der Wohnstube gesprochen wurde. Anders steht es um Protokolle der besonderen Gespräche, die in kleinem Kreis geführt wurden und oft mehrmals wöchentlich stattfanden. Daran nahmen Philipp Melanchthon, Justus Jonas, gelegentlich auch Mitglieder des kurfürstlichen Hofes teil. In den letzten Jahren wurde der Hausherr zunehmend dominanter, er sprach für die Nachwelt, gleichsam als Denkmal seiner selbst.

83. Toleranz

Die ganze Geschichte der Reformation steht geradezu für Intoleranz. Das beginnt bereits mit dem Wettern Luthers gegen die *Papisten*, gegen den *Antichristen*, den er in Rom sieht, und der Erklärung durch Rom, er sei ein Ketzer, wie es die am

3. Januar 1521 erlassene Bulle *Decet Romanum Pontificem* tat. In Glaubens- und Gewissensfragen ist jeder Mensch frei – das nahm der Reformator Luther für sich in Anspruch, der erklärt, dass auch die Kirche in Rom kein Herrschaftsrecht in Glaubensfragen habe. Das Wort der Bibel als Maßstab ist entscheidend. Und das macht es für Luther unmöglich, in irgendeinem Sinne tolerant zu sein gegenüber Entscheidungen in Rom, ja sie gar zu akzeptieren gegen seine eigene Lektüre der Schrift.

Heinz Schilling hält in seiner Lutherbiografie fest, dass der Reformator »weder in den frühen Sturmjahren der Reformation noch je später (wollte), dass mit Gewalt und Töten für das Evangelium gestritten wird«. Und er macht deutlich, dass Luther zwar »Toleranz im modernen Sinne fremd« war, er aber immer dafür eingetreten ist, »dass der Glaube eine innere, geistige Sache und dem Zugriff irdischer Mächte entzogen sei«. So kommt es zum einen zur heftigen Abwehr gegenüber anderen Grundüberzeugungen. Die so genannten *Schwärmer* oder auch *Täufer* werden verfolgt. Luther äußert kein Wort des Bedauerns, als Thomas Müntzer grausam hingerichtet wird. Ebenso tritt Calvin nicht für den spanischen Theologen Servet ein, obwohl der flehentlich darum bittet. Ohne Gnade bleibt Calvin gar anwesend, als Servet aufgrund seines Eintretens für die Erwachsenentaufe auf dem Scheiterhaufen verbrannt wird.

Zum anderen aber beginnt schon in der Reformationszeit das Ringen um Toleranz, weil deutlich wird, dass Verschiedenheit bleibt und um der Menschen willen Strukturen geschaffen werden müssen, die ein friedliches Nebeneinander, wenn nicht gar Miteinander ermöglichen. Darum geht es vom Augsburger Religionsfrieden von 1555 bis zum Westfälischen Frieden von 1648 und in unzähligen Toleranzedikten, um die gerungen wird. Die Lerngeschichte der Reformation hat dazu geführt, dass es heute nicht nur ein ökumenisches Miteinander gibt, sondern auch jüdisch-christlichen und christlich-muslimischen Dialog. Toleranz bedeutet dabei nicht nur »Ertragen« des Anderen, sondern gegenseitiges Interesse.

84. Trauern

Trauer hat ihr eigenes Recht, weil sie sich allen Beschwichtigungen und Tröstungen zum Trotz ihren Weg bahnt. So könnte man Luthers Meinung zur Trauer zusammenfassen. Er hat, wenn er befreundeten, vom Verlust geliebter Menschen getroffenen Familien schrieb, oft auf die eigenen Erfahrungen zurückgegriffen. Auch der Glaube an Gott und die Tatsache, dass der Tod eines Menschen nicht sein endgültiges Ende bedeutet, vermögen die Trauer nicht zu mildern. Im Gegenteil. Der Schmerz kann Gott zum Angeklagten machen. Als im Jahr 1537 die Frau einer befreundeten Familie im Kindbett stirbt, schreibt er dem Witwer:

> *Es muss die größte Traurigkeit und Herzeleid sein, wenn zwei fromme Eheleute ... die sich liebten, leiblich voneinander scheiden müssen. Unser Herrgott ist der größte Ehebrecher, er fügt zusammen und*

scheidet auch wieder voneinander ... Wie schlüpfrig
und unbeständig ist doch unser Leben! Ach, es muss
weh tun, wenn Eheleute, die einander lieben,
so geschieden werden.

Noch 15 Jahre zuvor hatte er – noch unverheiratet – in sei-
ner Schrift *Vom ehelichen Leben* den Tod im Kindbett als etwas
Naturgegebenes beschrieben, ein Schicksal, das Frauen eben
trifft, *lass sie nur den Tod tragen, sie sind darum da!* Erst als seine
Frau bei der Geburt eines Kindes fast verstarb, begann er die
Tiefe der Trauer zu begreifen.

Als seine Tochter Magdalene, gerade dreizehn Jahre alt, starb,
war Luther tief erschüttert. Seinem Freund Justus Jonas teilt
er den Tod mit und beginnt zwar mit den Worten, dass *meine
von Herzen geliebte Tochter wiedergeboren ist zum ewigen Reich
Christi.* Doch dann fährt er fort: *Obwohl ich und meine Frau nur
fröhlich Dank sagen sollten für ihren so glücklichen Heimgang ... so
ist doch die Macht der natürlichen Liebe so groß, dass wir (diesen
Dank) nicht ohne Schluchzen und Seufzen des Herzens ... ausspre-
chen können. Es haften doch tief im Herzen ihr Anblick, die Worte
und Gebärden der lebenden und sterbenden, ganz gehorsamen und
rücksichtsvollen Tochter, dass nicht einmal Christi Tod (und was sind
alle Tode der Menschen verglichen mit seinem Tod?) dies ganz vertrei-
ben kann, wie es doch sein sollte.* Dann bittet er Jonas, er möge
doch an seiner Statt Gott danken *für das große Werk der Gnade
einer solchen Tochter.* Noch drei Jahre nach ihrem Tod klagte
er, dass ihn der Tod seiner Tochter noch immer quäle und er
sie nicht vergessen könne.

85. Trost

Unter den rund 2800 Briefen, die Luther hinterlassen hat, finden sich rund 100 Trostbriefe. Allerdings enthalten viele Briefe auch nebenbei seelsorgerliche Bemerkungen oder Trostabschnitte. Luther tritt in diesen Briefen nicht als der unerschütterliche Mensch auf, der Ratschläge erteilen will. Gelegentlich beginnt er einen Brief mit der Bemerkung, er sei selber sehr tief getroffen von einer bitteren Erfahrung und er wisse gar nicht, was er schreiben soll. Adressaten sind schwermütige Frauen und Männer, in Trauer Geratene; aber auch Gemeinden oder Familien, die von Not betroffen waren. Die Trostschriften wurden sehr geschätzt. Sie wurden schon zu Luthers Lebzeiten gedruckt verbreitet, schon vor seinem Tod (1545) erschien der erste Sammelband seiner Trostschriften.

Die bestimmende und viele Trostschriften durchziehende Aussage ist die Feststellung: *Wahren Trost kann man nur aus der Schrift schöpfen.* Das Wort der Schrift, durch das Gott selber spricht, schenkt dem Menschen innere Freiheit von allem, was ihn bedrückt und bedrängt. Die Heilige Schrift handelt nach Luther in einer doppelten Weise an uns. Sie hält uns immer zwei Bilder des Lebens vor. In guten Tagen weist sie uns hin auf den Ernst böser Zeiten, und in bösen Tagen erinnert sie uns an die Tage des Glücks. Im Reichtum weist sie auf die Armut hin, in Armut auf den geistlichen Reichtum bei Gott, in Sorgen auf die Freuden, in Freude auf die Not usw. Dies ist nach Luther ein Grundzug des göttlichen Trostes. *Der Heilige Geist weiß, dass jede Sache für den Menschen so viel*

Wert und Bedeutung hat, als er ihr selbst beimisst. Freiheit entsteht, indem der Heilige Geist eine völlige Umwertung der Werte vornimmt, so dass nichts Irdisches mehr eine Macht über den Menschen auszuüben vermag. *In jeder Anfechtung soll man darauf achten, dass man dem Nachdenken nicht zu viel Raum gebe. Wenn man dies tut, folgt sicher ein Fall und eine Sünde. Weil: Wenn die Schlange den Kopf in ein Loch steckt, kriecht sie sicher auch mit dem Kopf hinein. Da hilft kein Wehren. Also heißt es: Widerstehe den Anfängen. Und der Apostel mahnt: »Widersteht dem Teufel!«* In schweren Anfechtungen ist es deshalb wahr: Wir müssen von der Sünde erschreckt werden, aber nicht im Schrecken verharren, sondern sollen uns wieder zur Gnade wenden. Nach beiden Seiten schadet die Übertreibung. Aus großer Freude entsteht Sicherheit, aus großem Schrecken die Verzweiflung – beides hat doch unser Gott verboten und mit der höchsten Strafe bedroht. Man soll an ihm nicht verzweifeln noch seiner zu sicher sein.

86. Türken

»Der Türke« galt zur Zeit der Reformation in Europa grundsätzlich als Gefahr. Die Bedrohung durch das Osmanische Reich wurde massiv wahrgenommen und Kaiser Karl der V. war von dieser Herausforderung stark belastet. 1529 standen die Türken vor Wien, was in Europa eine Art Weltuntergangsstimmung auslöste. Der Kaiser verlangte von den Ständen eine Unterstützung durch Soldaten. Die protestantischen Stände erwarteten im Gegenzug eine Anerkennung ihrer Religionsfreiheit. Es war auch der Druck durch Sultan

Suleiman, der Kaiser Karl zu Kompromissen mit der reformatorischen Bewegung brachte. Der Kirchenhistoriker Thomas Kaufmann formuliert sogar:»Ohne die Türken hätte die Reformation schwerlich überlebt.«

Martin Luther ist in seinem Leben nie einem Türken begegnet. Trotzdem wetterte er in verschiedenen Schriften gegen sie. Die Invasion der Türken in Europa sah er als eine Art Strafe Gottes an für den Abfall der römisch-katholischen Kirche vom wahren Glauben. In mehreren Schriften spricht er von der *Türckengefahr* und sieht sie als *Rute Gottes*. Sogar in einem seiner Lieder kommt das vor, da dichtet er, es solle dem Morden des Papstes und der Türken gewehrt werden. In seinen beiden Schriften *Vom Kriege widder die Türcken* und *Heerpredigt widder den Türcken* argumentiert Luther interessanterweise, dass *der Türcke* ja schon schlimm sei, aber der Papst noch schlimmer ...

Gleichzeitig setzte sich Luther dafür ein, dass der Koran auf Deutsch erschien, und zwar in Basel. Zwischen *dem Türcken* und dem Islam besteht für ihn also ein Unterschied. Luther nimmt sich sogar vor, den Koran einmal selbst zu übersetzen, allerdings mit der Intention, *auf dass jedermann sehe, was für ein faules und schändliches Buch es ist*. Viel weiß Luther aber offenbar nicht vom Koran. Allein, dass Jesus dort schlicht ein Prophet sei, reicht ihm, um dieses Buch des muslimischen Glaubens vehement abzulehnen. Abgrenzend urteilt er: *Was kann aber im Regiment und im ganzen türkischen Wandel und Wesen Gutes sein, wenn nach ihrem Koran diese drei Stücke bei ihnen frei regieren: Lügen, Mord, Unehe? Und jedermann daneben die christliche Wahrheit verschweigen muss [...]? Wie kann es ein grausameres, gefährlicheres, schrecklicheres Gefängnis geben als unter solchem Regiment zu leben?*

Von einem Dialog der Religionen war im 16. Jahrhundert offensichtlich keine Rede. Muslime galten schlicht als Heiden, sie lösten Angst aus. Es ist Teil der Lerngeschichte und der Veränderungen, dass wir heute in einem christlich-muslimischen Dialog stehen. Und das ist gut so.

87. Uniert

Die unterschiedliche Auffassung des Abendmahls spaltete den Protestantismus in eine lutherische und eine reformierte Konfession. Daraus entstanden zwei Kirchen, die unterschiedlich aufgebaut waren. Lutherische Kirchen unterstanden einem Konsistorium, reformierte Kirchen waren von der Basis, den Gemeinden aus aufgebaut und durch eine Synode geleitet. In der Reformation waren Landesgrenzen zugleich auch konfessionelle Grenzen. Das war eine Folge des Augsburger Friedens, und dessen Grundregel *Wes die Regierung, des der Glaube der Untertanen.* Durch Kriege, Regierungswechsel und die napoleonische Neuordnung der Ländergrenzen vermischten sich die Konfessionen immer stärker. Auf dem Wiener Kongress (1815) wurde beschlossen, auch die protestantischen Kirchenzugehörigkeiten neu zu regeln. Es sollte nur eine protestantische Kirche in Deutschland geben. Schwierig war eine Vereinigung vor allem in den Gebieten, in denen lutherische und reformierte Gemeinden etwa gleich stark waren. Zudem hatte sich im Laufe der Jahre der unterschiedliche Kirchenaufbau verfestigt.

Je nach Land wurde die protestantische Konfessionsfrage unterschiedlich gelöst. In Bayern schlossen sich Reformierte und Lutheraner unter einer (lutherischen) Kirchenleitung zusammen. In Baden einigten sich lutherische und reformierte Gemeinden in der Frage des Abendmahls, man könne das Geheimnis der Gegenwart Christi mit der Vernunft nicht lösen, man solle dies dem Glauben des Abendmahlbesuchers überlassen. 1821 entstand eine »Bekenntnisunion« und eine gemeinsame Kirchenordnung. In Preußen erließ Friedrich König Wilhelm III. ein Dekret, in dem er eine für Lutheraner wie Reformierte gemeinsame Kirchenordnung entwarf und eine gemeinsame Gottesdienstordnung (Agende) einführte. Zunächst protestierten viele Gemeinden gegen die verordnete Kircheneinheit, am stärksten war der Widerstand im Rheinland und in Westfalen. Erst im Jahr 1835 lösten die Kirchen das Problem, indem sie eine Mischform zwischen synodalem und konsistorialem Kirchenaufbau entwarfen. Nur wenige Gemeinden vollzogen in diesen Gebieten die Union und feierten gemeinsam Gottesdienste. Eine theologisch fundierte Einigung zwischen Reformierten und Lutheranern wurde erst im Jahr 1973 erarbeitet (Leuenberger Konkordie).

88. Vernunft

Vernunft und Glaube sind für Luther keine Gegensätze, doch sie richten sich auf unterschiedliche Lebensbereiche. Die Vernunft regelt das tägliche Leben – und zwar aufs Beste. Die Vernunft, so schreibt Luther einmal, sei *das Beste* im Vergleich mit den übrigen Dingen im Leben, geradezu etwas Göttliches, sie ist Erfinderin und Lenkerin aller freien Künste, der Medizin und der Rechtsprechung und *all dessen, was in diesem Leben an Weisheit, Macht, Tüchtigkeit und Herrlichkeit von Menschen besessen wird.* Sie soll eine Sonne sein und eine Art göttlicher Macht, in diesem Leben dazu eingesetzt, all diese Dinge (die Natur, die Wissenschaften etc.) zu verwalten. Allerdings richtet sich ihr gesamtes Streben darauf, die irdische Wohlfahrt (das irdische Wohlergehen) zu vermehren.

Die Vernunft kann sogar zur Erkenntnis kommen, dass es einen Gott geben kann. Eines aber ist der Vernunft verschlossen: Sie kann nicht erkennen, wer und was dieser Gott ist, etwa, dass er der Schöpfer der Natur und der Menschen ist. Das aber ist die eigentliche Selbstbestimmung des Menschen. Dass der Mensch Gottes Geschöpf ist, aus Fleisch und lebendiger Seele bestehend, gleichwohl aber unter der Macht der Sünde stehend, seiner eigenen Unfähigkeit zum wirklich Guten nicht aufhelfen kann – diese Einsicht kann der Mensch durch seine Vernunft nicht gewinnen.

> *Wer sagt, der Mensch könne sich dadurch, dass er tut, was in seinen Kräften ist, Gottes Gnade und das Leben verdienen – versteht nicht, wovon er redet. Desgleichen dass es in der Verfügung des Menschen stehe, zwischen Gut und Böse oder Leben und Tod usw. zu wählen.*

Die Vernunft ist gottgegeben und doch nicht ausreichend, um den Menschen zum Ebenbild Gottes werden zu lassen: So spielt die Vernunft Blindekuh mit Gott und tut lauter Fehlgriffe und schlägt immer daneben, so dass sie das Gott heißt, was nicht Gott ist, und wiederum nicht Gott heißt, was Gott ist; Darum plumpst sie so herein und gibt den Namen und die göttliche Ehre und heißt Gott, was sie dünkt, das Gott sei, und trifft also nimmermehr den rechten Gott, sondern allewegs den Teufel oder ihren eigenen Dünkel, den der Teufel regiert. Darum ist es ein gar großer Unterschied zu wissen, dass ein Gott ist, und zu wissen, was oder wer Gott ist. Das erste weiß die Natur, und es ist in aller Herzen geschrieben. Das andere lehrt alleine der heilige Geist.

89. Vertrauen

Auf Gott vertrauen – dieses Verhalten setzt Luther stets mit »Glauben« in eins. Einen Gott haben, so erklärt er im Großen Katechismus das erste Gebot »Ich bin der Herr, dein Gott«:

Ein Gott ist das, der alles Gute gibt und bei dem man Zuflucht in allen Nöten findet. Also dass *»einen Gott haben«* nichts anderes bedeutet als ihm von Herzen vertrauen und glauben.

Dieses Vertrauen ist für Luther mehr als nur ein Akt des Willens oder der Vernunft. Zwar beschreibt er in frühen Schriften, dass Vertrauen auf Gott bedeutet, *ich wage und setze mein Vertrauen allein auf den bloßen, unsichtbaren, ungreifbaren, alleinigen Gott, der Himmel und Erde geschaffen hat und allein über alle Kreaturen ist.* Dieses Vertrauen aber geht weit über die religiöse Dimension des Glaubens hinaus. Es gilt ebenso für die Sorge um das alltägliche Leben. In einer Predigt behauptet er sogar, dass das glaubende Vertrauen auf Gott sich daran messen lässt, wie viel Sorgen ein Mensch für den alltäglichen Lebensbedarf aufwendet. *Wenn wir nicht glauben, dass uns Gott den Brotkasten füllen und den Leib bekleiden werde, wie wollen wir ihm unsere Seele befehlen, wenn wir nun sterben sollen? Da sehen wir weder Haus noch Herberge, da ist weder Korn noch Rock, da ist weder Speise noch Kleidung, sondern wir müssen allein glauben und uns auf das bloße Wort ergeben und so im Glauben dahinfahren. Wie wollen wir Gott nun diese hohen Dinge vertrauen, die das ewige Leben betreffen, wenn wir ihm den Bauch nicht vertrauen können?*

Glauben an Gott und ihm vertrauen, dass er auch für das tägliche Leben sorgt: eine elementare Erfahrung, mit der Luther zeigen möchte, dass Gott nicht nur eine Vorstellung der Seele und der religiösen Welt ist. Er sorgt zugleich für das leibliche Wohl. Das Gottvertrauen erlöst von der drängenden Sorge um das tägliche Brot und führt schließlich zur Dankbarkeit: *Gleich wie wir nun an uns selbst, an unserem Leib und Leben, an Au-*

gen, Ohren, Händen, Füßen und allen unseren Gliedmaßen lernen und bekennen müssen, Gott habe uns viel gegeben und Gutes getan, so stellt der Herr uns das Beispiel anderer Kreaturen vor Augen, dass wir an ihnen lernen sollen, Gott zu vertrauen und nicht zu sorgen.

90. Wiclif und Hus – frühe Reformer

Mehr als hundert Jahre vor der Reformation Luthers und Zwinglis war schon in England der Ruf nach einer gründlichen Reform der Kirche zu hören. **John Wiclif,** Theologieprofessor in Oxford (geb. spätestens 1330 in Spreswell in Yorkshire, † 31. Dezember 1384), widersprach ab 1370 in seinem großen Werk Von wahrer Herrschaft (De Dominio Divino) dem Papst, der im Jahr 1329 verkündet hatte, es sei eine Irrlehre zu behaupten, Jesus und seine Jünger hätten in absoluter Armut gelebt. Wiclif setzte sich mit dem Anspruch der Kirche auseinander, Macht auszuüben und Güter zu besitzen. Er setzte dagegen: Ein Recht auf Eigentum und Besitz habe nur die wahre Kirche Christi, die in der Gnade Gottes steht. Doch die gegenwärtige Kirche hat diese Ansprüche verwirkt, sie lebt in einem offensichtlich gnadenlosen Sündenstand, der Staat habe deshalb das Recht, die Kirchengüter zu konfiszieren. Darüber hinaus missbilligte er die Heiligen- und Reliquienverehrung, kritisierte die Ehelosigkeit der Priester und verwarf die Lehre von der Verwandlung der Elemente Brot und Wein bei der Eucharistie. Die von ihm geschulten Reiseprediger (*arme Priester* genannt) verbreiteten seine Grundsätze im Volk, seine Lehren fanden in großen Teilen der Bevölkerung Zustimmung. Ob der Aufstand der englischen Bauern von 1381 tatsächlich mit seiner Kirchenkritik zusammenhing, ist nicht geklärt. Dennoch blieb Wiclif in England nicht ohne Folgen. Seine Anhänger, die Lollarden, forderten weiter, die Bibel müsse in der Landessprache zu lesen sein, sie verurteilten die Ehelosigkeit der Priester als unbiblisch und lehnten die Lehre von der Verwandlung der Elemente beim Abendmahl konsequent ab.

Wiclifs Reformpläne fanden ein überraschendes Echo auf dem Kontinent. Als im Jahr 1382 Anna, die Schwester des böhmischen und deutschen Königs Wenzel, den englischen König Richard II. heiratete, hatte diese politische Verbindung religiöse Folgen. Zahlreiche Böhmen reisten nach England und lernten dort die Ideen Wiclifs kennen. Sie brachten dessen Kirchenkritik mit in ihre Heimat, dort trugen sie reiche Früchte. Der Prager Theologieprofessor Jan Hus (geb. um 1369; † 6. Juli 1415 in Konstanz) veröffentlichte im Jahr 1413 eine große Bekenntnisschrift *Über die Kirche,* die auf der Kirchenkritik Wiclifs aufbaut und sie weiterentwickelt. Kurz gefasst lautet seine Grundthese: Die Kirche wird nicht von denen gebildet, die das Recht der römischen Kurie für sich in Anspruch nehmen, sondern von denjenigen, die Gott in seiner ewigen Vorherentscheidung als die gehorsamen Christen ausersehen hat. Die päpstliche Hierarchie vertraut auf ihre weltliche Macht und ihre Herrschaft, sie ist darum keine wahre Kirche in der Nachfolge Christi und der Apostel.

Das Konzil in Konstanz lud Jan Hus zur Anhörung vor, der deutsche Kaiser Sigismund versicherte ihm freies Geleit. Dennoch wurde Hus gefangen genommen und nach sechs Monaten Haft am 6. Juli 1415 auf dem Scheiterhaufen verbrannt. Das Fanal seiner Kirchenkritik aber hat Hus überlebt. Luther hat das Kirchenurteil über Hus scharf kritisiert: *Soll der ein Ketzer sein, so ist freilich noch nie kein rechter Christ auf die Erde gekommen,* meinte er – auch wenn seine eigenen theologischen Aussagen mit denen von Jan Hus nicht übereinstimmen.

91. Weltbilder

Luther deutete die politischen Ereignisse seiner Zeit als Anzeichen eines nahen Weltendes. Das scheinbar unaufhaltsame Vordringen der Türken nach Mitteleuropa und der Abwehrkampf der christlichen Staaten sei für ihn wie für viele seiner Zeitgenossen nur vordergründig ein macht- und wirtschaftspolitisches Ringen, urteilt der Historiker Heinz Schilling. Dahinter stand der apokalyptische Endkampf zwischen Christ und Antichrist.

Einen deutlichen Hinweis auf die anbrechende Endzeit fand Luther im Matthäusevangelium. Im 24. Kapitel berichtet Matthäus von einer Predigt Jesu an seine Jünger. Dort heißt es unter anderem: »Denn es werden viele kommen unter meinem Namen und sagen: Ich bin der Christus, und werden viele verführen. Ihr werdet hören von Kriegen und Kriegsgeschrei.« Die endzeitliche Verkündigung Jesu auf die Situation der Kirche seiner Zeit war für Luther selbstverständlich. *Nach meiner Deutung, legt Luther diese Textstelle 1515 vor Studenten aus, rechnet das Matthäusevangelium eine solche Verwirrung wie den Ablasshandel zu den Zeichen der Endzeit.* Es gibt für Luther keine kühle, distanzierte Sicht auf die Ereignisse seiner Zeit, er steht zwischen Hoffen und Bangen, wie ein Lutherbiograf feststellt. Der Tag Gottes kann jeden Tag hereinbrechen, darum ist es dringend nötig, sich auf den wahren Glauben zu besinnen. Daraus folgt für ihn zweierlei. Der Christ muss ausharren, dulden und warten. Seine Waffen sind rein geistlicher Art, er muss das Evangelium verkünden, um Gottes Eingreifen beten.

Das einzige, was dich in dieser letzten Phase der Geschichte tröstet, ist der Jüngste Tag und dein Glaube, dass der Herr regiert in Ewigkeit – letztlich werden alle Gottlosen vergehen.

Gleichzeitig aber sah Luther die Welt und die Kirche dem Chaos der Endzeit nicht wehrlos ausgeliefert. Die christliche Lehre kann die Obrigkeiten dazu bringen, Ordnung herzustellen, das Recht im Staat zu stärken und für Frieden zu sorgen – das ist das eigentliche Motiv, aus dem Luther seine Appelle an die Fürsten und die Räte der Stadt verfasst.

92. Wille, freier

Der Streit um die philosophische Frage, wie frei der Wille eines Menschen ist, wurde Luther von dem großen humanistischen Denker Erasmus von Rotterdam aufgedrängt. Im September 1524 veröffentlichte Erasmus die Schrift *Vom freien Willen*, dessen Hauptthese ungefähr besagte: Der menschliche Wille hat die Kraft, sich dem zuzuwenden, was zum ewigen Heil führt, oder sich davon abzuwenden. Das zeige die Bibel und die großen Kirchenlehrer – anders sei nicht zu erklären, warum es Appelle zu einem gottesfürchtigen Leben, Mahnung zur Umkehr und das Drohen mit dem Gericht gab und gibt. Das setzt die Eigenverantwortlichkeit des Menschen voraus. Göttliche Gnade und menschlicher Wille arbeiten stets zusammen an der Erlösung des Menschen.

Dem widersprach Luther energisch. Seiner Meinung nach hatte Erasmus mit dieser These die überkommene scholastische Theologie des Mittelalters erneuert, die Luther gerade angegriffen hatte. Er gestand Erasmus zu, dass der Mensch selbstverständlich ganz *Wille* sei. Aber dieser Wille beziehe sich lediglich auf Entscheidungen im weltlichen, alltäglichen Bereich. Der Mensch kann sein Leben in Grenzen frei gestalten. In der Begegnung mit Gott, im Glauben, ist das ganz anders. Versucht der Mensch sich durch Wohlverhalten vor Gott das Heil zu erwirken, gerät er unweigerlich in die Verlorenheit des Sünders. Er verstrickt sich in seine Selbstgerechtigkeit. Das Heil aber ist allein Gottes Wirken, der Mensch hat keinen Spielraum, zwischen Heil und Unheil willentlich zu wählen, er kann sich nur der Gnade Gottes unterwerfen. Aus eigener Kraft kann er sein Heil nicht schaffen. Der eigentliche Gegensatz zwischen Luther und Erasmus liegt nicht in der Frage, wie frei der menschliche Wille ist, sondern vielmehr darin, dass ihre Gotteserfahrungen weit auseinanderliegen.

Einige Passagen der Schrift Luthers *Vom unfreien Willen* haben später heftige Diskussionen darüber ausgelöst, ob Luther nicht eine Art göttlicher Vorhersehung behauptet habe, der zufolge ein Mensch ohne sein Zutun von vornherein zur Verdammnis oder zum ewigen Leben bestimmt sei, darum sei sein Wille unfrei, also wirkungslos. Diese Folgerung lässt sich mit Luthers Thesen nicht begründen. Ihm ging es vor allem darum, seine Gotteserfahrung zu verteidigen, die ihn gelehrt hat, dass er bedingungslos auf Gott und dessen Gnade angewiesen ist, wenn es um sein Seelenheil geht. Unerträglich war ihm der Gedanke, ein Christ könne – wenn auch nur beschränkt – autonom sein und durch ethisches Verhalten vor Gott perfekt werden.

93. Wittenberg

Die Stadt Wittenberg war um die Mitte des 15. Jahrhunderts recht unbedeutend. Ihre etwa 2000 Einwohner lebten das gemütliche Dasein friedlicher Bürger. Das änderte sich dramatisch, als im Jahr 1486 Friedrich von Sachsen (»der Weise«) die Kurfürstenwürde übernahm. Auf einmal wurde Wittenberg eine kurfürstliche Residenzstadt. Und Friedrich tat alles, um der neuen hohen Würde der Stadt das passende Gesicht zu geben. Zunächst ließ er eine neue Brücke über die Elbe bauen, dann errichtete er ein neues Schloss und eine Stiftskirche, die er mit kostbaren Reliquien versah. Auf diese Weise schuf er einen begehrten Wallfahrtsort. 5005 Reliquien schaffte er an, darunter so merkwürdige Stücke wie *Drei Stücke vom Stabe Aarons, ein Stück von der Erde, auf der der Herr blutigen Schweiß geschwitzt hat, zwei Stücke von dem Schleier Marias, der unter dem Kreuz mit Blut besprengt war, Dreizehn Stücke von der Krippe Jesu, zwei Stücke vom Heu, ein Stück vom Stroh, auf dem der Herr lag, als er geboren wurde ... Summa summarum aller Stücke 5005 Stücke. Für jegliches Stück gibt es hundert Tage Ablass ... Selig sind, die sich dessen teilhaftig machen,* so berichtet das Wittemberger Heiligthumsbuch aus dem Jahr 1509, das der berühmte Maler Lukas Cranach illustriert hat.

Ein besonderes Zeichen setzte Friedrich aber im Jahr 1502: Er errichtete eine Universität – die erste von einem Landesherren und nicht von der Kirche gegründete im Deutschen Reich. Wittenberg sollte zu einem neuen Zentrum geistiger und geistlicher Kräfte in Deutschland werden. Wie das dann aber Wirklichkeit wurde, davon machte sich wohl keiner eine Vorstellung.

Die Anziehungskraft der Universität – in den ersten beiden Jahren schrieben sich jährlich rund 500 Studenten ein – ließ zunächst nach, die Zahlen sanken bis auf 60 bis 50 Studenten. Das aber änderte sich mit dem Moment, in dem Martin Luther seine Professur für Biblische Studien antrat und erst recht, als er die öffentliche Auseinandersetzung mit der Kirche begann. Wittenberg zog Studenten aus allen Ländern

Europas an. Ein zeitgenössischer Besucher aus der Schweiz berichtet im Jahr 1521 in einem Brief an einen Freund in Basel: Hier sind über 500 Studenten, die Du beinahe ringsherum Bibeln mit sich fuhren siehst. Alle gehen unbewaffnet einher, zwischen allen herrscht Übereinstimmung wie unter Brüdern, die in Christus versammelt sind. Hier sind keine Spaltungen vorhanden, was allerdings einer, da so viele und so verschiedene Leute verschiedener Nationen da sind, bestaunen möchte. Hier gibt es Sachsen, Preußen, Polen, Böhmen, Schwaben, Schweizer, Ostfranken, Thüringer, Meißner und Menschen aus vielen andern Gegenden: und doch geht es, wie ich sagte, unter allen artig zu. Täglich wachsen die Mauern der Wittenberger, die Stadt scheint an Ausdehnung einem Gau höchst ähnlich. Die Studenten nehmen beinahe die ganze Stadt ein. Leichter bekommt man hier einen Haufen Läuse als einen Herrn.

Die Vorlesungssäle sind bei Martin Luther und Philipp Melanchthon überfüllt, der Hausherr fürchtet, so berichtet ein anderer Zeitgenosse, um die Mauern, dass sie gesprengt werden, oft rangeln mehr als 400 und 500 Hörer um die Plätze.

94. Wort

Bezeichnen die Begriffe Sünde, Mensch oder Gott real greifbare Wirklichkeiten oder sind sie Ideen, die im Denken des Menschen leben und erst zur Wirklichkeit werden, wenn sie ausgesprochen werden? Um diese Frage haben sich viele Theologen vor Luther gestritten. Luther ergreift eindeutig Partei für die zweite Lösung: Die Ideen bringen eine Wirklichkeit hervor. Das gilt vor allem für das »Wort Gottes«. Gott spricht – und er erschafft damit die wirkliche Welt – das erzählt doch die Bibel in ihrem ersten Buch! Und wenn im Alten Testament das »Wort Gottes« erwähnt wird, dann ist immer eine Tat gemeint, und zwar die durch das Wort vollbrachte Tat. Wie damals zu Beginn der Welt erschafft Gott durch sein Wort bis heute den »neuen« Menschen. *Gottes Wort ist nicht wie anderes leeres Geschwätz, sondern es ist, wie Paulus sagt, eine Kraft Gottes, die uns über die Maßen stärkt, tröstet und hilft.*

Das *Wort Gottes* ist vor allem in der Heiligen Schrift zu finden. Allerdings warnt Luther: Wer in der Bibel eine Art Beschreibung der Wirklichkeit oder eine Ansammlung von Lebensweisheiten sucht, wird das »Wort Gottes« nicht finden. Erst wenn ein Mensch entdeckt, dass die Schrift ihn unmittelbar anspricht und seine Lebenswirklichkeit erfasst, spürt er das *Wort Gottes*. Luther greift dabei auf das Evangelium des Johannes zurück, in dem es heißt: »Das Wort ward Fleisch und wohnte unter uns.« Das ist der Schlüssel zum schöpferischen Wort Gottes: *Die Bibel enthält nur eine Wahrheit, die aber ist entscheidend: dass Jesus Christus, unser Gott und Herr, um unserer Sünden willen gestorben und um unserer Gerechtigkeit willen auferstanden ist.*

Gott spricht: Im Augenblick, da ein Mensch an die Botschaft von der Erlösung glaubt, wird sie wirklich, das heißt: Sie bestimmt sein Leben. Luther gebraucht den Begriff *Wort Gottes* in diesem umfassenden Sinn wie eine Chiffre für die Erlösung. Diesem Wort muss sich ein Mensch öffnen, das Wort schafft ihn neu, weckt den Glauben immer neu in ihm: *In jeder Stunde nun, wo man Gottes Wort treibt, predigt, hört, liest oder* bedenkt, wird dadurch Person, Tag und Werk geheiligt; nicht des äußerlichen Werkes halber, sondern des Wortes halber, das uns alle zu Heiligen macht.

In diesem Sinn erschließt das Wort Gottes, wenn es gepredigt und dadurch zum lebendigen Wort wird, dem Menschen eine neue Wirklichkeit – auch wenn sie scheinbar nur Wort ist: *Die Seele hat kein anderes Ding, weder im Himmel noch auf der Erde, worin sie lebt, fromm und frei und Christ ist, als das heilige Evangelium, das Wort Gottes, von Christus gepredigt.* So müssen wir nun gewiss sein, dass die Seele alle Dinge entbehren kann, ausgenommen das Wort Gottes, und ohne das Wort Gottes ist ihr mit keinem Ding geholfen. *Wenn sie aber das Wort hat, dann bedarf sie auch keines anderen Dinges mehr, sondern sie hat in dem Wort Genüge, Speise, Freude, Frieden, Licht, Kunst, Gerechtigkeit, Wahrheit, Weisheit, Freiheit und alles Gute überschwänglich.*

95. Zukunft

Luther hat das Ende der Welt in naher Zukunft erwartet, darin sind sich die meisten bedeutenden Lutherforscher einig. Ein 500. Jubiläum seines Thesenanschlags hätte er wohl nie für möglich gehalten. In einer Predigt im Jahr 1530 warnte er vor kommenden schweren Zeiten, die nur die nahe Erlösung durch Christus beenden könne: *Wer nun ein Christ zu dieser Zeit sein will, der fasse sich ein Herz in Christus und denke nur nicht hinfort auf Frieden und gute Tage: die Zeit solcher Trübsal und Weissagung ist da, desgleichen ist unser Trotz und Trost auf die Zukunft*

Christi und unsere Erlösung auch nicht fern, sondern wird flugs darauf folgen.

Wenn er weiter gedacht hätte – dieser Gedanke sei erlaubt, dann hätte er sicher eines abgewehrt: dass er zum Helden einer revolutionären Neuentdeckung gemacht wird. Sein einziges Ziel war es, zu einem Christentum zurückzukehren, das den verkrusteten Ballast einer unbeweglich gewordenen Organisation abwirft und sich einem persönlichen Gott zuwendet, der jedem Menschen ohne Mittler und rituelle Praktiken durch seine Gnade nahe ist. Die Leistung Luthers sei es, so schreibt Heinz Schilling in seiner Biografie, dass er es geschafft habe, Gott wieder zur Realität werden zu lassen, »in den Seelen der Menschen und in ihrem alltäglichen Handeln in der Welt«. Wichtiger als das sei noch: Er »kehrte die eingerissene Verweltlichung der Religion um in eine prinzipielle Welthaftigkeit der Religion«, Schilling meint mit der »Welthaftigkeit der Religion« die Tatsache, dass Luther den christlichen Glauben aus den Bereichen der kirchlichen Einrichtungen wie Klöstern, Stiften, Abteien und Kirchen emanzipiert hat – er muss sich nun jeden Tag, in der Familie, im Beruf und in den alltäglichen Arbeiten bewähren.

Sicher hat dieser Wandel auch einen Nachteil, der sich heute erst zu zeigen beginnt: Mit der »Verweltlichung« der Religion geht zugleich eine Privatisierung des Glaubens einher, er hat den durch eine »heilige« Institution geschützten Raum verloren und droht die festen Riten zu verlieren. Andererseits: Luther war überzeugt, dass nicht er den Wandel des Glaubens vollbracht hat.

Predigen will ich's, sagen will ich's, schreiben will ich's.
Aber zwingen, mit Gewalt dringen will ich niemanden,
denn der Glaube will willig, ungenötigt angenommen
werden ... Ich hab nichts getan, das Wort hat alles
bewirkt und ausgerichtet.

Zitatnachweise und Literaturangaben

3 »Die Seligkeit ist ...«: Postille 1522 über Galater 4, 1–7. WA 10/I, S. 232. »Ich habe auch oft ...«: Brief 1525 an eine unbekannte Frau. WA Br 3, S. 552.

4 »Wenn wir in Not ...«: Der große Katechismus. WA 30/I, S. 133.

5 »Ich las in Augustins Schrift ...«: WA 54, S. 186.

7 »den Gewissen ...«: Sermon am 30. März 1532. WA 15, S. 489. »Drei Dinge gilt ...«: Ein Sermon vom Sakrament der Buße, 1519. WA 2, S. 715.

8 »eitel Heiligtum ...«: Wochenpedigten über die Bergpredigt. 1530/32. WA32, S. 25.

9 »Keine Arbeit ist so schwer ...«: Von den guten Werken. 1520. WA 6, S. 235. »Mit Gebet wird ...«: Kirchenpostille, 1522. WA 10/I, S. 435. »Beten ist allein ...«: Evangelium von den 10 Aussätzigen. 1521. WA 8, S. 360.

11 »Mit den Bildern steht es ...«: Invokavitpredigten. 1522. WA 10/III, S. 26 f.

12 »Das ist einer ...« und »Darum, liebe Herren ...«: An die Ratsherren aller Städte deutschen Landes. 1524. WA 15, S. 36.

16 »Mitte der Schrift ...«: WA 56, 414,15. »Die Heiligen anrufen ...«: Martin Luther: Bekenntnis der Artikel des Glaubens wider die Feinde des Evangeliums und allerlei Ketzereien (1528).

Martin Luther: Gesammelte Werke, S. 2934 (vgl. Luther-W
Bd. 4, S. 316) (c) Vandenhoeck und Ruprecht; http://www.
digitale-bibliothek.de/band63.htm. *»Unser ganzes Heil ...«*:
Johannes Calvin, Unterricht in der christlichen Religion,
Neukirchen 2008, II, 16, 19, S. 281. *»Was ist ...«*: Heidelberger
Katechismus, in: Ev. Gesangbuch Nr. 807.

17 *»Es kann ja niemand ...«*: Von Ehesachen. 1530. WA 30/3, S. 205.

19 *»Die Philosophen versenken ...«*: Divi Pauli apostoli ad Romanos
epistola. 1525/16. WA 56, S. 371.

20 *»Um dieser Willen ...«*: 1526. WA 19, S. 74. *»Denn diejenigen ...«*:
1526. WA 19, S. 72 ff.

21 *»Das ist das große Feuer ...«*: Vorlesung über den Römerbrief
1515/16. WA 56, S. 426.

23 *»Wir haben ...«*: Bekenntnis. 1528. WA 26, S. 507. *»Allerdings gebe
es ...«*: Tischreden 3695.

27 *»Hierinnen sollen nun ...«*: 1539. WA 51, S. 325 ff.

28 *»Denn die Gerechtigkeit ...«*: Martin Luther: Vorlesung über den
Römerbrief (1515/1516). Martin Luther: Gesammelte Werke,
S. 460 f. (vgl. Luther-W Bd. 1, S. 113) (c) Vandenhoeck und
Ruprecht http://www.digitale-bibliothek.de/band63.htm.

29 *»Auch wenn ich ...«*: Predigt 1532. WA 36, S. 364 f. *»Sündige
tapfer! ...«*: WA 2, S. 372.

32 *»Wer einen Gott hat ...«*: WA 30/3, S. 213. *»Was heißt einen
Gott ...«*: Großer Katechismus. 1529. WA 30,1. S. 132.

33 *»So besteht nun ...«*: Predigt. 1530. WA 32, S. 53.

34 »Gute Werke machen ...«: Freiheit eines Christenmenschen. 1520. WA 7, S. 32. »So wie der Leib isst ...«: Kirchenpostille 1522, WA! o I3, S. 224 und 136.

35 »Mein herzlieber Sohn ...«: 1530. WABr 5, S. 377. »Die Kinder haben ...«: Tischrede. 1531. WATR 2, 411.

36 »die Eier aus den Hühnernestern ...«: Tischreden Nr. 3979. WA TR unter dieser Nummer. »Auch können sie geheimnisvolle ...«: Predigt 1526. WA 16, S. 551 f. »Aber zu Pfingsten ...«: Tischreden Nr. 3491. WATR 3, S. 632 unter dieser Nummer.

37 »Es muss ... ein Ort ...«: Predigt 1522. WA 10/3, S. 192.

38 »Wer Gottes Wort ...«: WA 5, S. 37. »Fürwahr, nichts ertönt ...«: Vorlesung über den Hebräerbrief 1517/18. WA 57, S. 1349. »Ein besonders starker ...«: WA 57, S. 220.

39 »Alles, was in der Welt ...«: Tischrede. 1538. WATR 3, S. 642. Nr. 3828. »Ist der Mensch nun ...«: Vorlesung über den Römerbrief. 1515/16. WA 56, S. 272. »Es ist notwendig ...«: WA 1, S. 29.

40 »Weil man bislang ...«: Traubüchlein. 1529. WA 30 III, S. 75.

41 Vgl. zum Thema: Thomas Kaufmann, Luthers Juden, Stuttgart 2014.

42 »Jeder Mensch erreicht ...«: WA 14, S. 71.

43 »Diese Predigt soll ...«: 1529. WA 30/1, S. 129.

45 »Gott will es ...«: Festpostille. 1527. WA 17,2, S. 510. »armselig, töricht ohnmächtig ...«: Psalmensaulegung. 1513/15. WA 4, S. 450 f. »Unser Amt heisst ...«: Von der Winkelmesse und Pfaffenweihe. 1533. WA 38, S. 239.

47 »Gott befiehlt Vater ...«: Predigt 1524/27. WA 16, S. 490. »Es ist wohl ...«: Predigten über das zweite Buch Mose. 1524/27. WA 16, S. 490.

48 »Ich will ...«: WA 19, S. 646.

49 »Ich habe nämlich ...«: WA Br 3, S. 474.

50 »Meine Leiden waren ...«: 50. WA Tr Nr. 5782.

51 Brief an Justus Jonas 1542. WA Br 10, S. 149f.

53 »Ich bitte ...«: Eine treue Vermahnung an alle Christen. WA 8, S. 676 ff.

54 »Ein Merkzeichen ...«: WA Briefe 5, S. 444f (Nr. 1628).

55 »Nicht brüstet sich ...«: Sermo in Festo Ascensionis Mariae vom 15. August 1516, WA 1, hier 77, 31 f.

56 »Der Glaube gibt ...«: WA 7, S. 25 f.

59 »Er hat sich ...«: Wider das Papsttum zu Rom, vom Teufel gestiftet – 1545 WA 54, S. 206 ff.

61 »Wenn nun jemand ...«: Von weltlicher Obrigkeit. 1523. WA 11, S. 251 f.

63 »Man hat es erfunden ...«: An den christlichen Adel deutscher Nation. 1520. WA 6, S. 406.

67 »Zwei Federn und ein ...«: Heilige Dinge. Neue Zeitung vom Rhein 1542. Martin Luther.

69 »Unser Herr Gott ...«: Tischreden. 1538. WATr 3, S. 675. Nr. 3870. »Es leuchtet ...«: Eine einfältige Weise zu beten. 1535. WA 38, S. 373.

72 »Die Seele hat ...«: Von der Freiheit eines Christenmenschen. 1520. WA 7, S. 22.

73 »Als ich jung war ...«: Tischreden. 1540. WATr 3, 116. Nr. 2957a.

74 »Dieses ist das Wort Gottes ...«: Christliche Schrift. 1525. WA 18, S. 275.

75 »Die Heilige Schrift ...«: WA 48, S. 241.

76 »Wenn der freie Wille ...«: WA 1, S. 359. »Schattenbilder und Rätselworte«: WA 39 II, S. 210.

77 »Als Christus selbst ...«: WA 6, S. 355 f.

78 »Also ist die Buße ...«: Martin Luther: Der große Katechismus (1529). Martin Luther: Gesammelte Werke, S. 1905; (vgl. Luther-W Bd. 3, S. 129) (c) Vandenhoeck und Ruprecht; http://www.digitale-bibliothek.de/band63.htm.

80 »Der Teufel disputierte ...«: Tischrede. 1532. WATR 1, S. 103. »Ihr wisst noch nicht ...«: Sermon vom 16. März 1522. WA 10 III, S. 64.

83 »weder in den ...«: Heinz Schilling, Martin Luther. Rebell in einer Zeit des Umbruchs, München 2012, S. 209. »Toleranz im modernen ...«: Ebd. S. 627.

84 »Es muss die größte Traurigkeit ...« und »Obwohl ich ...«: Brief 1542. WABr 10, S. 149 f. Nr. 3794.

85 »In jeder Anfechtung ...«: WA TR I, S. 177.

86 »Was kann aber im Regiment ...«: WA 30/II, 127/5-17.

88 »So spielt die Vernunft ...«: Der Prophet Jona ausgelegt. 1526.
WA 19, S. 207.

89 »Ein Gott ist ...«: Großer Katechismus. 1529. WA 10/2. S. 132.
»Gleich wie wir ...«: Sommerpostille. 1544. WA 2, S. 122.

91 »Darum will ich ...«: Sonntag Jubilate. Joh. 16, 16–23.
WA 8, S. 215.

94 »Gottes Wort ...«: Von der Freiheit eines Christenmenschen,
1520. WA 7, S. 22. »Die Bibel enthält ...«: WA 10/2, S. 73. »In jeder
Stunde ...«: Großer Katechismus. 1529. WA 30 I, S. 145.
»Die Seele hat ...«: Von der Freiheit eines Christenmenschen.
1520. WA 7, S. 22.

95 »Wer nun ein Christ ...«: Heerpredigt wider die Türken. 1530.
WA 30/2. S. 166. »Predigen will ich's ...«: März 1522, 2. Invo-
kavitpredigt. WA 10, III, S. 18.